Friedrich Schelling

Gesammelte Werke: Die Quelle der ewigen Wahrheiten, Die Natur der Philosophie als Wissenschaft & Philosophie der Offenbarung

e-artnow 2018

Edmund Husserl
Phänomenologische Psychologie

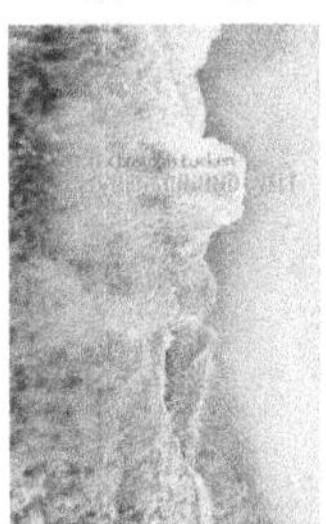

Christoph Eucken
Mensch und Welt

Niccolò Machiavelli
Der Fürst (Il Principe)

Friedrich Nietzsche
Also sprach Zarathustra

Karl Vorländer
Populäre Geschichte der Philosophie

Friedrich Schelling

Gesammelte Werke: Die Quelle der ewigen Wahrheiten, Die Natur der Philosophie als Wissenschaft & Philosophie der Offenbarung

e-artnow, 2018
Kontakt info@e-artnow.org

ISBN 978-80-273-1061-6

Inhaltsverzeichnis

Abhandlung über die Quelle der ewigen Wahrheiten

Die Frage, über welche ich heute zu sprechen beabsichtige, hat schon die Philosophie des Mittelalters beschäftigt, wie sie rückwärts zusammenhängt mit den größten Untersuchungen des philosophierenden Altertums. Wieder aufgenommen von Descartes und von Leibniz, ist sie durch die neue von Kant eingeleitete, aller Unterbrechungen und augenblicklichen Verfälschungen ungeachtet, von ihrem wahren Ziel noch nicht abgebrachte philosophische Bewegung ebenfalls in ein neues Stadium getreten und vielleicht der Entscheidung näher gebracht worden. Die Frage, die ich meine, bezieht sich auf die sogenannten ewigen oder notwendigen Wahrheiten, insbesondere auf die *Quelle* derselben; doch war dies der einfachste Ausdruck; im vollständigeren handelte es sich *de origine essentiarum, idearum, possibilium, veritatum aeternarum*; dies alles wurde als dasselbe betrachtet. Denn was die Wesenheiten betrifft, so galt es als unwidersprochener Grundsatz: *essentias rerum esse aeternas.* Zufälligkeit (contingentia) bezieht sich stets nur auf die *Existenz* der Dinge, zufällig ist die hier, an diesem Ort, oder jetzt, in diesem Augenblick, existierende Pflanze, notwendig aber und ewig ist die *Wesenheit* der Pflanze, nicht anders sein könnend, sondern nur so oder gar nicht. Hieraus erhellt von selbst, daß die *essentiae rerum* auch dasselbe sind mit den mehr oder weniger platonisch gedachten *Ideen.* Da ferner bei der Wesenheit die Wirklichkeit nicht in Betracht kommt, indem die Wesenheit dieselbe bleibt, die Sache mag wirklich vorhanden sein oder nicht, wie sich die Wesenheit eines Kreises nicht im Geringsten dadurch ändert, daß ich einen Zirkel wirklich beschreibe: so ist hieraus begreiflich, daß das Reich der Wesenheit auch das Reich der Möglichkeiten, und was nur so möglich, *notwendig* so ist. Dies führt von selbst auf den vierten Ausdruck der notwendigen oder ewigen Wahrheiten. Gewöhnlich wird dies nur auf die mathematischen bezogen. Aber der Begriff ist viel weiter. Denken wir uns, wie Kant, die höchste Vernunftidee als Inbegriff aller Möglichkeiten, so wird es auch eine Wissenschaft geben, die diese Möglichkeit unterscheidet und erkennbar macht, indem sie denktätig dieselben aus der Potentialität heraustreten und in Gedanken *wirklich* werden läßt, wie die Mathematik tut, wenn sie das was in einer Figur, z.B. dem rechtwinkligen Dreieck, bloß potentiâ (dem Vermögen nach) ist, wie das Verhältnis der Hypotenuse zu den Katheten, wenn sie, sage ich, dieses findet, indem die Denktätigkeit (*ho nous energêsas*) es zum Aktus erhebt. *Phaneron*, sagt Aristoteles, *hoti ta dynamei onta eis energeian anagomena heurisketai* (Offenbar ist, daß das bloß der Potenz nach seiende durch Überführung in Aktus gefunden wird). Dies ist der Weg aller reinen oder bloßen Vernunftwissenschaft. In der höchsten Vernunftidee wird nun unstreitig auch die Pflanze prädeterminiert, und es wird nicht absolut unmöglich sein, von den ersten Möglichkeiten aus, die sich noch als Prinzipe darstellen, zu der schon vielfach bedingten und zusammengesetzten Möglichkeit der Pflanze fortzuschreiten. Es wird, sage ich, nicht *absolut* unmöglich sein. Denn es handelt sich hier überhaupt nicht um das *uns*, sondern um das *an sich* Mögliche; das uns Mögliche ist überall von vielen sehr zufälligen Bedingungen abhängig; für solche Ableitungen ist *uns* die Beihilfe der Erfahrung unentbehrlich (ein höherer Geist könnte sie vielleicht entbehren): die Erfahrung ist eine immer fortschreitende, nie abgeschlossene, und auch das Maß der Anwendung unserer an sich beschränkten geistigen Fakultäten gar sehr von Zufällen bedingt. Angenommen nun aber, was im Allgemeinen als möglich anzunehmen ist und nie aufgegeben werden darf, daß von der höchsten Vernunftidee bis zur Pflanze als notwendigem Moment derselben ein stetiger Fortschritt zu finden sei: so ist die Pflanze in diesem Zusammenhang nichts Zufälliges mehr, sondern selbst eine ewige Wahrheit, und ich will nicht aussprechen, wie man über den – Naturforscher urteilen müßte, dem dies gleichgültig wäre und – dessen Forschungen nicht von dem beständigen Bewußtsein begleitet wären, daß er, womit immer beschäftigt, nicht mit einer bloß zufälligen und für die Vernunft nichts werten Sache, sondern mit einer solchen zu tun habe, die in dem großen, wenn auch ihm unübersehbaren Zusammenhang eine notwendige Stelle und damit eine ewige Wahrheit hat.

Nachdem ich auf diese Weise die Ausdehnung des *Gegenstandes* der Frage gezeigt zu haben glaube, komme ich auf den *Anlaß*, und werde zunächst anführen, wodurch die Scholastiker bestimmt worden, sich nach der *Quelle* der ewigen Wahrheiten umzusehen.

Dieser Anlaß also war, daß ewige, d.h. notwendige Wahrheiten ihre Sanktion *nicht* von dem göttlichen *Willen* haben konnten; bloß durch göttliches *Gefallen* festgestellt, waren sie zufällige Wahrheiten, die ebensogut auch Nichtwahrheiten sein konnten; es mußte also eine vom göttlichen Willen unabhängige Quelle derselben anerkannt werden, und ebenso mußte es etwas vom göttlichen Willen Unabhängiges sein, worin die Möglichkeiten der Dinge ihren Grund hatten. Zwar für Thomas von Aquino war die Möglichkeit noch in der *essentia divina* selbst, nämlich in der als participabilis s. imitabilis gedachten; eine Vorstellung, wovon sich die Spur noch bei Malebranche findet. In den Ausdrücken erkennt man leicht die platonische *methexis* und die mehr von Pythagoreern gebräuchliche *mimêsis*. Aber wer sieht nicht zugleich, daß hier die Fähigkeit der Dinge, an dem göttlichen Wesen teilzunehmen oder es nachzuahmen – worin die *Möglichkeit* der Dinge bestehen würde – daß dieser eine Fähigkeit *des göttlichen Wesens*, an sich teilnehmen oder sich nachahmen zu lassen, untergeschoben wird, womit die Möglichkeit auf seifen der Dinge nicht erklärt wäre. Unausbleiblich also war die Anerkennung einer ursprünglichen, nicht bloß vom göttlichen Willen, sondern auch vom göttlichen Wesen unabhängigen Möglichkeit der Dinge. Eine solche behaupteten die Scotisten, gezwungen dadurch, wie ein Anhänger von Leibniz sich ausdrückt, *coacti admittere principium realitatis essentiarum nescio quod a Deo distinctum eique coaeternum et connecessarium, ex quo essentiarum pendeat necessitas et aeternitas.* Dieses *nescio quod* hätte sich übrigens selbst nach den von Scotus gebrauchten Ausdrücken bis zu einem gewissen Punkt wohl überwinden lassen. Scotus sprach von einem *ente diminuto, in quo possibile constitutum sit. Ens diminutum* soll in dem Latein des Scotus unstreitig nichts anderes bezeichnen, als was nur in untergeordnetem Sinne das Seiende zu nennen ist, wie auch Aristoteles das *prôtôs on*, das erstlich Seiende, von dem bloß *hepomenôs on*, von dem was bloß als Folge und Mitgesetztes eines anderen ist, das *energeia on* von dem bloß *hylikôs on* unterscheidet und letzteres dem *dynamei on* oder dem *mê on* gleichsetzt (wohl zu unterscheiden von dem *ouk on*, dem ganz und gar nicht seienden). Über die materielle Natur also jenes Mitgesetzten blieb wohl kein Zweifel. Das Ungelöste und bis in unsre Zeit ungelöst Gebliebene lag nicht in der Beschaffenheit, sondern darin, daß jenes der eignen Natur nach bloß Seienkönnende doch irgend ein Verhältnis zu Gott haben mußte. Es kam nun aber *Descartes*, der den Knoten zerhauend auf seine Weise, nämlich hastig, das Gegenteil aussprach: die mathematischen wie die andern sogenannten ewigen Wahrheiten seien von Gott festgesetzt und vom göttlichen Willen nicht anders abhängig als alle andern Kreaturen. (Die eignen Worte des Descartes sind in einem seiner Schreiben folgende: *Metaphysicas quaestiones in Physica mea attingam, praesertim vero hanc: veritates mathematicas, quas aeternas appellas, fuisse a Deo stabilitas et ab illo pendere non secus quam reliquas creaturas*). Man könnte versuchen, die Worte so auszulegen, als solle nur die Unabhängigkeit der ewigen Wahrheiten von der göttlichen *Erkenntnis* widerlegt werden, entgegen denjenigen Scotisten, welche lehrten: die ewigen Wahrheiten würden bestehen, auch wenn gar kein Verstand wäre, nicht einmal der göttliche. Allein dieser Auslegung widerspricht eine andere Äußerung des Philosophen, folgende: *In Deo unum idemque est velle et cognoscere, ita ut hoc ipso quod aliquid velit ideo cognoscat, et ideo tantum* (nämlich weil er es will) *res est vera.*

Die nächste Folge, die sich aus dieser Behauptung ergeben würde, wäre für die Mathematik, daß sie eine bloße Erfahrungswissenschaft sei; denn was die Folge eines Willens, und demnach zufällig ist, da es ebensogut nicht sein könnte, kann bloß erfahren, nicht wie man sagt *a priori* gewußt werden. Dem widerspricht aber schon, daß es in der *Erfahrung* keinen Punkt gibt, in der Wirklichkeit keine Linie, die vollkommen gerade, oder ohne alle Breite wäre, woraus auf jeden Fall folgen würde, daß bei den ersten Begriffen oder Voraussetzungen der Geometrie etwas anderes im Spiel ist als bloße Erfahrung. Ich sage auf jeden Fall: denn mit dem Allgemeinen, daß die Mathematik eine apriorische Wissenschaft sei, ist die Sache auch nicht abgetan, ich kann mich aber hier auf die spezielle Untersuchung der Genesis der mathematischen Wahrheiten nicht einlassen und muß dieselbe für eine andere Gelegenheit vorbehalten. Am meisten aber widerspricht der Behauptung (daß die mathematischen Lehren nur wahr sein sollen infolge des göttlichen Willens) die ganze Natur der Mathematik. Denn wo immer *Wille* dazwischen kommt, ist von *Wirklichem* die Rede; aber offenbar ist, daß die Geometrie z.B. nicht um das wirkliche, sondern nur um das mögliche Dreieck sich bemüht, und der Sinn keines ihrer Sätze ist, daß dem *wirklich* so sei, sondern daß es nicht anders *sein könne*, und das Dreieck z.B. nur so möglich ist, daß seine Winkel zusammengenommen zweien rechten gleich sind, wo dann freilich folgt, daß das Dreieck auch so sein wird, *wenn* es Ist, aber daß es Ist, als ganz gleichgültig betrachtet wird. Die Folge in bezug auf die Mathematik würde nun freilich wohl Descartes am wenigsten zugegeben haben; aber es ist darum nicht weniger war, daß sie aus seiner Ableitung der ewigen Wahrheiten von dem göttlichen Willen unabwendlich folgt, und daß mit dieser Annahme den Wissenschaften überhaupt alle ewig gültige Wahrheit entzogen wäre. Man könnte, wie Peter Bayle, aus Descartes Ausspruch den Schluß ziehen, daß 3 + 3 = 6 nur wahr ist, wo und so lang es Gott gefällt, daß es vielleicht unwahr ist in andern Regionen des Weltalls und im nächsten Jahr auch für uns aufhört wahr zu sein. Von ernsteren Folgen aber würde die Sache sein, wenn die Lehre auf das sittliche und religiöse Gebiet übergetragen würde, wie dies durch einige Theologen der reformierten Kirche geschah, die sich durch die Lehre vom decretum absolutum bis zu der Meinung fortreißen ließen, daß auch der Unterschied von Gut und Bös kein objektiver, sondern allein durch den göttlichen Willen festgesetzter sei. Von dieser Seite besonders hat Descartes der oben erwähnte Bayle angegriffen, dessen Worte, die Leibniz einer Stelle in seiner Theodicee nicht unwürdig gefunden, ich auch hier wiederholen darf. »Eine Menge der ernstesten Autoren,« sagt er, »erklären sich dafür, daß es jedem göttlichen Gebot vorausgehend und unabhängig von einem solchen *in der Natur der Dinge selbst* ein Gutes und ein Böses gibt. Zum Erweis dieser Behauptung gelten ihnen besonders die abscheulichen Folgen der entgegengesetzten Lehre, aber es gibt ein direkt treffendes, aus der Metaphysik hergenommenes Argument. Es ist eine *gewisse* Sache, daß Gottes Existenz nicht eine Folge seines *Willens* ist; er *existiert* nicht, weil er *will*, und wenn er ebensowenig allmächtig oder allwissend ist, weil er es sein will, so kann sich sein Wille überhaupt nur auf *außer* ihm Seiendes erstrecken, doch auch so *nur* darauf, *daß* es Ist, nicht aber auf das, was zum *Wesen* desselben gehört. Gott, wenn er wollte, konnte die Materie, den Menschen, den Kreis *nicht* wirklich machen, aber unmöglich war ihm, sie wirklich zu machen, ohne ihnen ihre wesentlichen Eigenschaften mitzuteilen, die demnach nicht von seinem Wollen abhängen« Erdmannsche Ausgabe von Leibniz, S. 560, § 183. Man darf es mit geistreichen Reden nicht zu strenge nehmen; sonst könnte man in Bayles Worten die Meinung durchschimmern sehen, daß die Existenz Gottes eine ewige Wahrheit in demselben Sinne sei, in welchem ihm 3 + 3 = 6 eine solche ist; eine Meinung, der man sich doch vielleicht ebensowohl versucht finden könnte zu widersprechen, wie jener Abt eines Klosters, der den allzu eifrigen Lehrer, welcher sich hatte hinreißen lassen, zu sagen, Gottes Dasein sei so gewiß, als daß 2 mal 2 vier sei, wegen dieses Ausspruchs zurechtwies, indem er hinzusetzte, Gottes Dasein sei weit gewisser als daß 2 x 2 = 4 sei. Ich begreife vollkommen, wenn, wie ferner erzählt wird, die Zuhörenden über eine solche Äußerung lachten, wie ich begreife, daß es auch jetzt noch Menschen genug gibt, die nicht begreifen können, wie etwas gewisser sein könne als daß 2 x 2 = 4 ist. Ohne den Ausdruck untersuchen zu wollen, ist gewiß, daß es Wahrheiten von *verschiedener Ordnung* gibt, und daß den Wahrheiten der Arithmetik und der Mathematik überhaupt schon darum nicht *unbedingte* Gewißheit beiwohnen kann, weil diese Wissenschaften, wie ich in meiner frühern Vorlesung aus Platon angeführt, mit Voraussetzungen zu Werk gehen, die *sie selbst* nicht rechtfertigen, und damit, was deren Wert und Geltung betrifft, einen höheren Gerichtshof anerkennen; ferner weil sie vieles nur erfahrungsmäßig wissen, z.B. von geraden und ungeraden, abgeleiteten und Primzahlen, für welche sie noch nicht einmal ein Gesetz des gegenseitigen Abstandes gefunden.

Mit Bayle erklärt sich nun *Leibniz*, was die Unabhängigkeit der ewigen Wahrheiten vom göttlichen Willen betrifft, einverstanden, nicht aber ebenso mit den äußersten unter den Scotisten, oder überhaupt mit denen, die ein von Gott in *jedem Sinne* unabhängiges Reich ewiger Wahrheiten, oder eine für sich und außer allem Zusammenhang mit Gott bestehende *Natur der Dinge* aufstellen. Wenn der Wille Gottes nur die Ursache der Wirklichkeit der Dinge zu sein vermag, so kann die Quelle ihrer Möglichkeit nicht auch in diesem Willen, sie kann aber ebensowenig eine von Gott unbedingt und in jedem Betracht unabhängige sein. »Meines Erachtens,« sagt Leibniz (in der Theodicee), »ist der göttliche Wille die Ursache der Wirklichkeit, der *göttliche Verstand* aber die Quelle der Möglichkeit der Dinge, *dieser* ist es, der die Wahrheit der ewigen Wahrheiten macht, ohne daß der Wille daran teilhat. Alle Realität, – also, will er sagen, auch die, welche wir den ewigen Wahrheiten zuschreiben müssen – alle Realität muß auf etwas gegründet sein, das existiert. Freilich ist wahr – was schon ein Teil der Scholastiker geltend gemacht hat – daß auch der Gottesleugner ein vollkommener Geometer sein kann. Aber wenn kein Gott wäre, gäbe es kein Objekt der Geometrie, und ohne Gott gäbe es nicht nur nichts, das existiert, sondern auch nichts Mögliches. Das verhindert nicht, daß die, welche von der Verbindung aller Dinge unter sich und mit Gott keine Kenntnis haben, gewisse Wissenschaften verstehen können, ohne ihre erste Quelle zu wissen, die in Gott ist« A. a. O., S. 561. § 184. Da Leibniz dies nur von *gewissen* Wissenschaften folgt, so hat er offenbar die Philosophie ausgenommen. *Ultima ratio tam essentiarum quam existentiarum in Uno*, ist Leibnizens allgemeiner Ausspruch in der Abhandlung *de rerum originatione radicali*. Zwischen »ganz unabhängig sein von Gott« und bestimmt sein durch göttliche Willkür ist etwas in der Mitte. Dieses Mittlere ist in der Unabhängigkeit vom göttlichen Verstande. Leibniz bedient sich dieser Unterscheidung namentlich, um wegen des Übels und des Bösen in der Welt jeden Vorwurf vom göttlichen Willen zu entfernen. Die Ursache des Übels, sagt er, ist in der *idealen* Natur der Dinge begründet, welche vom göttlichen Willen nicht abhängt, sondern nur im göttlichen Verstande ist.

Aber dieser Verstand nun wie *verhält* er sich zu den ewigen Wahrheiten? Entweder bestimmt er von sich aus und ohne an etwas gebunden zu sein, was in den Dingen notwendig und ewig sein soll; in diesem Fall ist nicht einzusehen, wie er sich von dem Willen unterscheide, es heißt auch hier: *stat pro ratione voluntas*. Ist es der Verstand Gottes, der, ohne durch irgend etwas bestimmt oder eingeschränkt zu sein, die Möglichkeiten der Dinge, die in der Wirklichkeit zu Notwendigkeiten werden, sich ausdenkt, so wird man auch so der Willkür nicht entgehen. Oder ist der Sinn dieser: der Verstand schafft diese Möglichkeiten nicht, er findet sie vor, er entdeckt sie als schon da seiende, dann muß es etwas von diesem Verstand Verschiedenes und von ihm selbst Vorausgesetztes sein, worin diese Möglichkeiten begründet sind und worin er dieselben erblickt. Dieses aber somit vom göttlichen Verstände Unabhängige, und woran wir diesen selbst gebunden zu denken hätten, wie sollen wir es benennen? Quelle des *Allgemeinen* und *Notwendigen* in den Dingen kann es selbst nichts Individuelles mehr sein, wie wir den Verstand denken müssen; denn auch der Leibnizische Ausdruck l'entendement divin kann nur von einer göttlichen Fakultät verstanden werden. Unabhängig aber von allem Individuellen, ja diesem entgegengesetzt, selbst das Allgemeine und der Sitz der allgemeinen und notwendigen Wahrheiten, das alles läßt sich nur von der *Vernunft* sagen. Wir wären also auf eine vom göttlichen Willen unabhängig existierende ewige Vernunft gewiesen, deren Schranken oder Gesetze der göttliche Verstand in seinen eignen Hervorbringungen oder Entwürfen nicht überschreiten könnte. Aber einmal auf diesem Punkt, und bezaubert von dem über alles Individuelle uns hinweghebenden Allgemeinen – sollten wir auf diesem Punkt stehen bleiben, und nicht vielmehr des Individuellen uns ganz zu entledigen suchen? Und dies um so mehr, als wenn man zwischen dieser Vernunft und Gott unterscheidet, zwei voneinander Unabhängige angenommen werden müssen, deren keines von dem andern abzuleiten ist, während die Wissenschaft vor allem und zuerst auf Einheit des Prinzips dringt. Warum also nicht sagen, daß Gott selbst nichts anderes ist als diese ewige Vernunft, eine Meinung, die, einmal als unwidersprechlich und unter gescheiten Leuten sich von selbst verstehend adoptiert, unendlicher Beschwerden überhebt und alles Schwerbegreifliche mit einemmal entfernt?

Man wird vielleicht gegen diesen Fortgang einwenden, daß er viel mehr ein Sprung sei und uns von der Leibnizischen Zeit unmittelbar in die Gegenwart versetze. Denn das System, in dem die Vernunft alles ist, sei ja eben das neueste. Allein es würde daraus nicht folgen, was man folgern will. In dem Zeitraum von Leibniz bis auf Kant war Rationalismus die *allgemeine*

Denkart der Zeit und nur durch kein philosophisches System repräsentiert (denn damals fehlte es bekanntlich daran), also genötigt, auf mehr populäre Weise sich geltend zu machen und sich auf die Theologie zu werfen. Dieser theologische Rationalismus, der freilich selbst noch nicht wußte, was er in letzter Instanz wollte, ging (es läßt sich dies genau geschichtlich nachweisen) unmittelbar aus der Wolffschen Schule hervor. Wenn aber dieser Rationalismus erst in der neuesten Zeit dazu gelangt ist, sich als philosophisches System aufzustellen, so dankt er dies freilich der späteren Entwicklung, aber seine eigentlichen Wurzeln hat er darum nicht in dieser, sondern in der ihr vorausgegangenen Zeit. Denn eine einmal allgemein gewordene und einem ganzen Zeitalter gleichsam zur andern Natur gewordene Denkart wird nur von wenigen überwunden, die sich als Ausnahmen darstellen, und läßt sich nicht sofort durch ein philosophisches System aufheben, vielmehr begibt sich das Gegenteil, daß die angenommene Denkart jenes aufhebt, indem sie es sich dienstbar macht und nur das so geknebelte sich gefallen läßt.

Eine große und unausweichliche Unbequemlichkeit haftet jedoch auch dieser Auskunft an. Denn wie auf der einen Seite der bloße göttliche Wille das Notwendige und Allgemeine der Dinge nicht erklärt: so unmöglich ist es, aus reiner bloßer Vernunft das Zufällige und die Wirklichkeit der Dinge zu erklären. Es bliebe zu dem Ende nichts übrig, als anzunehmen, daß die Vernunft sich selbst untreu werde, von sich selbst abfalle, dieselbe Idee, welche erst als das vollkommenste, und dem *keine* Dialektik etwas weiteres anhaben könne, dargestellt worden, daß diese Idee, ohne irgend einen Grund dazu in sich selbst zu haben, recht eigentlich, wie die Franzosen sagen, sans rime ni raison, sich in diese Welt zufälliger, der Vernunft undurchsichtiger, dem Begriff widerstrebender Dinge zerschlage. Dieser Versuch, wenn er gemacht würde, wäre ein merkwürdiges Beispiel, was man einer befangenen Zeit bieten darf; ihn beurteilen? ja etwa mit den terentianischen Worten: *haec si tu postules* (ein solches sich selbst Verrücken der Vernunft) *certa ratione facere, nihilo plus agas, quam si des operam, ut cum ratione insanias.*

Wieder an Leibniz anzuknüpfen –, so ist offenbar: Um das gleich Unmögliche einer vollkommenen Abhängigkeit und einer völligen Unabhängigkeit zu vermeiden, nimmt Leibniz zwei verschiedene Fakultäten in Gott an; aber wäre es nicht einfacher und natürlicher, die Ursache des verschiedenen Verhältnisses zu Gott in der Natur jenes *nescio quod* selbst zu suchen, das den Grund aller Möglichkeit und gleichsam den Stoff, die Materie zu allen Möglichkeiten enthalten soll, demgemäß aber selbst nur Möglichkeit, also nur die potentia universalis sein kann, die als solche toto coelo von Gott verschieden, soweit auch ihrem Wesen nach, also bloß logisch betrachtet, unabhängig von *dem* sein muß, von dem *alle* Lehren übereinstimmend sagen, daß er *reine Wirklichkeit* ist, Wirklichkeit, in der nichts von Potenz ist. Soweit ist das Verhältnis noch ein bloß logisches. Aber wie wird sich nun das reale Verhältnis darstellen? Einfach so: Jenes alle Möglichkeit begreifende, selbst bloß Mögliche wird des *selbst*-Seins unfähig, nur auf die Weise sein können, daß es sich als bloße Materie eines andern verhält, das ihm das Sein ist, und gegen das es als das selbst nicht Seiende erscheint. Ich gebe diese Bestimmungen ohne weitere Motivierung, weil sie sich alle auf bekannte aristotelische Sätze gründen. *To hylikon oudepote kath' hautou lekteon,* »das Hylische, das bloß eines materiellen Seins Fähige, kann nicht von sich selbst, es kann nur von einem andern gesagt werden«, welches andere demnach es *ist.* Denn wenn ich B von A *sage* (prädiziere), so sage ich, daß A B *ist.* Dieses andere aber, das dieses, des selbst-Seins Unfähige, *ist,* dieses müßte das selbst-Seiende und zwar das im höchsten Sinn *selbst-Seiende* sein – Gott. Das reale Verhältnis also wäre, daß Gott jenes für sich selbst nicht Seiende *ist,* das nun, inwiefern es ist – nämlich auf die Weise *Ist,* wie es allein sein kann – als das ens universale, als das Wesen, in dem alle Wesen, d.h. alle Möglichkeiten sind, erscheinen wird.

Mit dieser Entwicklung sind wir auf dem von Kant zuerst gleichsam eroberten Standpunkt gekommen, der ihm als der höchste Preis seines ebenso unermüdlichen, wie redlichen Forschens zuteil geworden, wenn er auch diesen Standpunkt nur eben erreicht hat, ohne von ihm aus selbst weiter fortzuschreiten. Ich kann mich über Kants Lehre vom Ideal der Vernunft kurz fassen, da ich sie früher, in der Absicht, später darauf zu verweisen, zum Gegenstand einer ausführlichen Abhandlung gemacht habe, die ich die Ehre hatte ebenfalls hier vorzulesen. Enthalten in der zwölften Vorlesung zur Philosophie der Mythologie. Kant zeigt also, daß zur verstandesmäßigen

Bestimmung der Dinge die Idee der gesamten *Möglichkeit* oder eines Inbegriffs aller Prädikate gehört. Dies versteht die nachkantische Philosophie, wenn sie von der Idee schlechthin, ohne weitere Bestimmung spricht; diese Idee selbst nun aber existiert nicht, sie ist eben, wie man zu sagen pflegt, bloße Idee; es existiert überhaupt nichts Allgemeines, sondern nur Einzelnes, und das *allgemeine Wesen* existiert nur, wenn das *absolute Einzelwesen* es ist. Nicht die Idee ist dem Ideal, sondern das Ideal ist der Idee Ursache des Seins, wie man auch insgemein zu sagen pflegt, daß durch das Ideal die Idee *verwirklicht* ist. In dem Satz: das Ideal ist die Idee, hat also das *ist* nicht die Bedeutung der bloßen logischen copula. Gott *ist* die Idee heißt nicht: er ist selbst nur Idee, sondern: er ist der Idee (der Idee in jenem hohen Sinn, wo sie der Möglichkeit nach alles ist), er ist der Idee Ursache des Seins, Ursache, daß sie Ist, *aitia tou einai*, im aristotelischen Ausdruck.

Es ist also nun wohl das Verhältnis so bestimmt, daß Gott das allgemeine Wesen ist, aber noch weder wie, noch infolge welcher Notwendigkeit er es ist. Was nun das *Wie* betrifft, so versteht sich außer dem schon Gesagten, daß Gott das All der Möglichkeit ewiger Weise, also vor allem Tun, daher auch vor allem Wollen ist. Und doch ist nicht *Er selbst* dieses All. In *ihm selbst* ist kein *Was*, er ist das reine *Daß* – actus purus. Aber um so mehr, wenn in ihm selbst kein Was und nichts Allgemeines ist, durch welche Notwendigkeit geschieht es, daß was selbst oder in sich ohne alles Was ist, daß dieses das allgemeine Wesen, das alles begreifende Was *ist*?

Es kann nichts helfen zu sagen: vom bloß Individuellen ohne das Allgemeine würde es keine Wissenschaft geben. *Hê epistêmê tou katholon*. Denn warum eben soll Wissenschaft sein? und nimmer kann die Möglichkeit *unsres* Wissens die Ursache davon sein, daß der, in welchem schlechterdings nichts Allgemeines, und der eben dadurch über alles, was wir sonst Einzelnes nennen, weit erhaben ist (denn dieses trägt immer noch sehr viel Allgemeines in sich) – daß dieser, welcher das absolute Einzelwesen ist, das allgemeine Wesen ist. Da er es nicht wollend, und auch nicht infolge seines *Wesens* oder Selbstes ist – denn dieses, als das Absonderlichste (*to malista chôriston*), d.h. als Individuellste, ist es vielmehr das, aus dem nichts Allgemeines folgen kann –, so kann er das *Alles* Begreifende nur sein infolge einer über ihn selbst hinausreichenden Notwendigkeit. Aber welcher Notwendigkeit? Versuchen wir es auf diese Weise. Sagen wir, diese Notwendigkeit sei die des Einsseins von Denken und Sein – *diese* sei das höchste Gesetz, und dessen Sinn dieser, daß was immer *Ist* auch ein Verhältnis zum *Begriff* haben muß, was *Nichts* ist, d.h. was kein Verhältnis zum Denken hat, auch nicht *wahrhaft Ist*.

Gott enthält in sich nichts als das reine Daß des eigenen Seins; aber dieses, daß er Ist, wäre keine *Wahrheit*, wenn er nicht *Etwas* wäre – Etwas freilich nicht im Sinn eines Seienden, aber des alles Seienden –, wenn er nicht ein Verhältnis zum Denken hätte, ein Verhältnis nicht: zu einem *Begriff*, aber zum *Begriff aller Begriffe*, zur *Idee. Hier* ist die wahre Stelle für jene Einheit des Seins und des Denkens, die einmal ausgesprochen auf sehr verschiedene Weise angewendet worden. Denn es ist leicht von einem System, das man nicht übersieht und das vielleicht übrigens auch noch weit entfernt ist von der nötigen Ausführung, einzelne Fetzen abzureißen, aber es ist schwer, mit solchen Fetzen seine Blöße zu decken und sie darum nicht an der unrechten Stelle anzuwenden. Es ist ein weiter Weg bis zum höchsten Gegensatz, und jeder, der von diesem sprechen will, sollte sich zweimal fragen, ob er diesen Weg zurücklegt. Die Einheit, die hier gemeint ist, reicht bis zum höchsten Gegensatz; das ist also auch die letzte Grenze, ist das, *worüber man nicht hinaus kann*. In dieser Einheit aber ist die Priorität nicht auf seifen des Denkens; das *Sein* ist das Erste, das Denken erst das Zweite oder Folgende. Es ist dieser Gegensatz zugleich der des Allgemeinen und des schlechthin Einzelnen. Aber nicht vom Allgemeinen zum Einzelnen geht der Weg, wie man heutzutag allgemein dafür zu halten scheint. Selbst ein Franzose, der sich übrigens um Aristoteles Verdienste erworben, schließt sich dieser allgemeinen Meinung an, indem er sagt: le général se réalise en s'individualisant. Es möchte schwer sein zu sagen, woher dem Allgemeinen die Mittel und die Macht komme, sich zu realisieren. Zu sagen ist vielmehr: daß das Individuelle, und zwar am meisten das es im höchsten Sinne ist, daß das Individuelle sich realisiert, d.h. sich intelligibel macht, in den Kreis der Vernunft und des Erkennens eintritt, indem es sich generalisiert, d.h. indem es das allgemeine, das *alles* begreifende Wesen zu Sich macht, sich mit ihm bekleidet. Könnte man heutzutage noch über irgend etwas verwundert sein, so müßte man es darüber sein, auch den Platon, den Aristoteles auf jener Seite genannt zu hören, wo das Denken über das Sein gesetzt wird. Platon? – nun ja, wenn man jene einsame Stelle im sechsten Buch der Republik übersieht, wo er von dem *agathon*, d.h. von dem Höchsten in seinen Gedanken, sagt: *ouk ousias ontos tou agathou all' eti epekeina tês ousias presbeia kai dynamei hyperechontos*, also, daß das Höchste nicht mehr *ousia*, Wesen, Was ist, sondern noch jenseits des Wesens, das an Würde und Macht ihm Vorangehende. Selbst das Wort *presbeia*, das in erster Bedeutung Alter, erst in zweiter Ansehen, Vorrecht, Würde bezeichnet, ist nicht umsonst gewählt, sondern um selbst die Priorität vor dem Wesen auszudrücken. Wenn man also diese Stelle übersieht, könnte es scheinen, als gebe Platon dem Denken den Vorrang über das Sein. Aber Aristoteles? Aristoteles, dem die Welt vorzüglich die Einsicht verdankt, daß nur das Individuelle existiert, daß das Allgemeine, das *Seiende* nur Attribut ist (*katêgorêma monon*), nicht selbst-Seiendes, wie das, was allein *prôtôs* , zuerst sich setzen läßt – Aristoteles, dessen Ausdruck: *hou hê ousia energeia* allein allen Zweifel niederschlagen würde; denn hier ist *ousia* was sonst dem Aristoteles das *ti estin*, das Wesen, das Was, und der Sinn ist, daß in Gott kein Weis, kein Wesen vorausgeht, an die Stelle des Wesens der Aktus tritt, die Wirklichkeit dem Begriff, dem Denken zuvorkommt. Diesem absoluten *Daß* in Gott kann dann aber nur das absolute Was entsprechen. Wie aber beide aneinander gekettet sind, dafür bedarf es noch des bestimmteren Ausdrucks. Gott ist das allgemeine Wesen. die Indifferenz aller Möglichkeiten, er ist dies nicht zufälliger, sondern notwendiger und ewiger Weise, er hat es *an sich*, diese Indifferenz zu sein, an sich in dem Sinn, wie man wohl von einem Menschen sagt, daß er etwas an sich habe, um auszudrücken, daß er es nicht gewollt, ja zuweilen sogar, daß er nicht darum wisse. Aber eben darum, weil Gott jenes andere ohne sein Zutun, nicht gewollter, also in *Ansehung seiner selbst zufälliger* Weise ist, ist es ein zu ihm Hinzugekommenes, ein *symbebêkos* im aristotelischen Sinn, zwar ein notwendiges, ein *autô kath hauton hyparchon*, aber das ihm doch nicht im Wesen ist (*mê en tê ousia on*), wogegen ihm also (was zwar nicht hierher gehört, aber der Folge wegen wichtig ist) auch das Wesen *frei* bleibt. Aristoteles erläutert ein solches nicht im Wesen und doch an sich Haben durch ein aus der Geometrie hergenommenes Gleichnis. Daß die Winkel eines Dreiecks zusammen = zwei Rechten, ist zwar ein dem Dreieck *kath' hauto hyparchon*, ein ihm infolge notwendiger Ableitung Zukommendes, aber es ist ihm doch nicht in der *ousia*, denn der Begriff des rechten Winkels selbst kommt in der Wesensbestimmung oder Definition des Dreiecks gar nicht vor; es kann ein Dreieck geben ohne rechten Winkel.

Die Erörterungen, denen ich mich hier überlassen, scheinen weit abzuliegen von allem, was jetzt vorzugsweise die Geister beschäftigt, und dennoch haben sie eine sehr nahe Beziehung auf die Gegenwart. Denn jenes dem Denken über das Sein, dem Was über das Daß erteilte Übergewicht scheint mir nicht ein besonderes, sondern ein allgemeines Leiden der gesamten, glücklicherweise von Gott mit unerschütterlicher Selbstzufriedenheit ausgerüsteten deutschen Nation zu sein, die sich imstande zeigt, eine so lange – lange Zeit, unbekümmert um das Daß, mit dem Was einer Verfassung sich zu beschäftigen. Wodurch also in der letzten Zeit die deutsche Philosophie mit unseliger Improduktivität geschlagen worden, dasselbe scheint mir auch die Ursache der politischen Improduktivität Deutschlands, am schmerzlichsten zu empfinden in einem Staat, der, von kleinen und zweifelhaften Anfängen durch unermüdliche Tatkraft zu großer Bedeutung erhoben, um so mehr Ursache hat, stets jenes Wort des großen Italieners eingedenk zu sein, daß die Staaten nur durch dieselben Ursachen erhalten werden, durch welche sie groß geworden sind. Wenn auf eine über jede Anfechtung und allen Zweifel erhabene Weise erst das *Sein* festgestellt ist, mag man, wie es auch von selbst immer geschehen ist, den Inhalt dieses Seins dem Denken und der Vernunft gerechter zu machen suchen. Fängt man aber mit dem Inhalt an, der für sich und von allen Existenzbedingungen losgetrennt nur ein allgemeiner sein kann: so wird man das eine Weile fortsetzen können, aber mit Schrecken am Ende gewahr werden, daß es an dem Gefäß fehlt, diesen Inhalt aufzunehmen. Das *Was* führt von sich selbst ins Weite, in die Vielheit, und also auch natürlich zur Vielherrschaft, denn das Was ist in jedem Ding ein andres, das Daß seiner Natur nach und daher in allen Dingen nur Eines; in dem großen Gemeinwesen, das wir Natur und Welt nennen, herrscht ein einziges, jedes Vielheit von *sich* ausschließendes *Daß*; wenn aber auch mit Platon anzunehmen ist, daß weder die Ungebildeten und aller Wahrheit Unkundigen den Staat gut verwalten werden, noch auch die, welche ohne Unterlaß und ausschließlich in der Wissenschaft gelebt haben, jene nicht, weil sie nicht Einen Zweck im Leben zu verfolgen gewohnt sind, sondern vielerlei und zufällige Zwecke, diese nicht, weil sie nicht freiwillig auf menschliche Geschäfte sich einlassen, sondern jetzt schon in den Inseln der Seligen zu wohnen sich dünken werden: so kann daraus nicht folgen, daß der Philosoph, wenn auch die zufällige politische Strömung nach der entgegengesetzten Seite gehen sollte, nicht nur um so mehr in der *Wissenschaft* festhalte an jenem Homerischen, das schon durch Aristoteles die Metaphysik sich als letzten Grundsatz angeeignet hat:

    eis koiranos estô.

Über die Natur der Philosophie als Wissenschaft

Der Gedanke oder das Bestreben, ein System des menschlichen Wissens zu finden, oder, anders und besser ausgedrückt, das menschliche Wissen im System, im Zusammenbestehen zu erblicken, setzt natürlich voraus, daß es ursprünglich und von sich selbst nicht im System – daß es also ein $\dot{\alpha}\sigma\dot{\nu}\sigma\tau\alpha\tau\sigma\nu$, ein nicht Zusammenbestehendes, sondern vielmehr sich Widerstreitendes ist. Um diese Asystasie, diesen Unbestand, diese Uneinigkeit, gleichsam dieses bellum intestinum in dem menschlichen Wissen zu erkennen – (denn dieser innere Widerstreit muß offenbar werden), mußte der menschliche Geist sich in allen möglichen Richtungen schon versucht haben. Daher mußten z. B. in Griechenland a) die bloßen Physiker vorausgehen, die da glaubten, alles auf bloße Naturursachen zurückführen zu können, b) der Dualismus des Anaxagoras, c) die Lehre der Eleaten, welche, um allen Widerstreit aufzuheben, die bloße Einheit setzten, während der Gegensatz oder die Nicht-Einheit gleiche Rechte hat, und das wahre System eben nur dasjenige seyn kann, welches Einheit der Einheit und des Gegensatzes ist, d. h. welches zeigt, wie die Ein heit mit dem Gegensatz und der Gegensatz mit der Einheit zugleich bestehe, ja wie es zum Besten des anderen nothwendig sey – dieß alles mußte vorausgehen, ehe im Platon auch nur die wahre Idee eines Systems erscheinen konnte. Also der Zeit nach sind die *Systeme* vor dem System. Bedürfniß der Harmonie kommt erst aus Disharmonie.

Endlich muß, damit das Streben nach dem System wirklich vorhanden sey, die Einsicht hinzukommen, daß jener Widerstreitder Ansichten nicht etwas Zufälliges, in subjektiver Unvollkommenheit, etwa oberflächlichem Denken oder Verkehrtheit der Einzelnen, oder gar, wie manche Seichtlinge sich vorstellen, in bloßen Logomachien Gegründetes sey. Man muß sich überzeugt haben, daß dieser Widerstreit einen objektiven Grund hat, daß er in der Natur der Sache selbst, in den ersten Wurzeln alles Daseyns gegründet ist. Man muß eben darum die Hoffnung aufgegeben haben, diesen Widerstreit, dieses bellum omnium contra omnes damit zu beendigen, daß irgend eine einzelne Ansicht der andern absolut Meister werden, ein System das andere unterjochen könne. Dieß kann freilich scheinbar oft der Fall seyn. Nämlich obwohl alle ausschließenden Systeme dieß miteinander gemein haben, nicht das System, und insofern etwas Partielles, Untergeordnetes zu seyn, so kann doch eins allerdings auf einer höhern Stufe stehen als das andere. Oder – denn dieß verdient genauere Darstellung – eigentlich verhält es sich so. In allen Widersprüchen der Systeme untereinander ist doch zuletzt nur Ein großer Widerspruch, Ein Urzwist. Wir wollen denselben so ausdrücken, daß nach der einen Behauptung A = B, nach der andern = C ist. Nun kann es aber geschehen, daß beide Systeme, das, welches A = B, und das, welches A = C setzt, auf einer sehr untergeordneten Stufe aufgefaßt werden und so gegeneinander auftreten. Mittlerweile findet sich einer, der über diesen untergeordneten Standpunkt sich erhebt, aber auf dem höhern licht etwa das aufstellt, wodurch A = B und A = C vereinigt werden, sondern wieder nur A = B, aber auf einer höhern Stufe, n einer höhern Potenz; – sehr häufig aber ist, daß die Einseitigkeit nur greller ausgebildet wird, denn wie einmal die Zerlegung angefangen, schreitet sie natürlich fort und zuletzt dahin, wo nur die Individualität entscheidet, wodurch man aber gesteht, dass keines des anderen absolut Meister; – hat sich aber A = B wirklich gesteigert (ohne übrigens im Wesentlichen verändert zu seyn), während A = C sich nicht gesteigert hat, sondern geblieben ist, so wird vor der Hand A = B Meister von A = C. Aber dieß dauert nicht lang, A = C wird endlich seines Nachtheils gewahr und steigert sich ebenfalls, so daß sie sich, nur auf dem höhern Standpunkt, wieder ebenso gut entgegenstehen als vorher auf dem niederen.

Eine andere, noch zufälligere Möglichkeit ist diese; Wenn A = B und A = C sich vollkommen die Wage halten, so wird es eben darauf ankommen, wer von beiden, der 1. oder der 2. behauptet, der bessere Kämpfer ist. Allein dieß ist ein Sieg, der durchaus nichts entscheidet.

Also allerdings scheinbar und für eine Zeit kann ein System des andern Meister werden, wirklich und in die Länge nicht, und daß dieß unmöglich sey – daß an sich jedes System gleiches Recht habe, gleichen Anspruch zu gelten – dieß ist die Einsicht, welche der Idee des Systems im großen Sinn – des Systems par excellence – vorausgehen muß. Solange der Materialist noch dem

Intellektualisten oder der Idealist dem Realisten sein Recht nicht zugesteht, ist an das System κατ' ἐξοχήν nicht zu denken. Ich bemerke übrigens, daß hier nur von Systemen die Rede ist, die wirkliche Momente der Entwicklung darstellen, nicht von solchen, denen etwa nur ihre Urheber diese Titel geben, und denen man zu viel Ehre anthun würde, wenn man sie auch nur eines Irrthums fähig halten wollte. Wer irren will, der muß wenigstens auf dem Wege seyn; wer aber gar nicht einmal sich auf den Weg macht, sondern völlig zu Hause sitzen bleibt, kann nicht irren. Wer sich in die See wagt, kann durch Stürme oder eigne Ungeschicklichkeit freilich vom Wege abkommen und verschlagen werden, wer aber gar nicht aus dem Hafen ausläuft, dessen ganzes Bestreben vielmehr darin besteht, nicht auszulaufen, sondern durch ein ewiges Philosophiren über Philosophie zu verhindern, daß es gar nie zur Philosophie komme, der hat freilich keine Gefahren zu befürchten.

Also die Idee des Systems überhaupt setzt den nothwendigen und unauflöslichen Widerstreit der Systeme voraus: ohne diesen würde sie gar nicht entstehen.

Oft genug ist der Philosophie diese Asystasie, dieser innere Widerstreit vorgeworfen worden. Kant in verschiedenen Stellen seiner Schriften stellte der Metaphysik gleichsam zur Lehre und Besserung als beschämendes Beispiel die Mathematik vor, und nach ihm andere. »Seht hier, sagen sie, wie in der Geometrie z. B. alle einig sind von jetzt an bis zu Euklides hinauf und von da bis zu Thales und zu den ägyptischen Priestern, während es in der Philosophie heißt: quot capita, tot sensus, wie viel Köpfe, so viel Systeme, und jeder Tag ein neues gebiert«. Was nun diese über Nacht entstehenden betrifft, so habe ich schon meine Meinung gesagt. Wenn man aber die Philosophie darum geringschätzt, weil es in ihr Systeme gebe, in der Geometrie nicht, so sage ich: Freilich in der Geometrie gibt es keine Systeme, weil es kein System gibt – und in der Philosophie muß es wohl Systeme geben, eben weil es ein System gibt. Es ist gerade, als ob man den stereometrisch regelmäßigen Krystall der menschlichen Gestalt darum vorziehen wollte, weil in jenem keine Möglichkeit zur Krankheit liegt, im menschlichen Körper aber die Keime aller möglichen Krankheiten. Denn so ungefähr wie Krankheit und Gesundheit verhält sich das einzelne System zu dem System κατ' ἐξοχήν. Auch im menschlichen Organismus unterscheiden die Ärzte einzelne Systeme. Wer nun an einem dieser Systeme leidet, d. h. bei wem es besonders hervortritt, der ist gleichsam gebunden an dieses System, in seiner Freiheit gehemmt, recht eigentlich ein Sklave desselben. Der Gesunde aber fühlt keines dieser Systeme insbesondere, er *weiß* nicht, wie man zu sagen pflegt, daß er ein Verdauungs- etc. System hat; er ist frei von allem System. Warum? Nicht darum, daß nicht diese Systeme in seinem Organismus lägen – da wär' ihm schlecht damit gedient –, sondern weil er nur im Ganzen lebt, im Totalsystem, in welchem alle jene einzelnen Systeme gleichsam verstummen und unmöglich werden (das Wort »gesund« ist höchst wahrscheinlich soviel als ganz). Ebenso in der Philosophie: wer bis zum Ende durchgedrungen ist, sieht sich wieder in völliger Freiheit, er ist frei vom System – über allem System.

Wir haben also bis jetzt Folgendes bestimmt. 1) Die *äußere Möglichkeit des Systems*, gleichsam die Materie, der Stoff dazu, ist eben der innere unauflösliche Widerstreit im menschlichen Wissen. 2) Dieser Streit muß offenbar geworden seyn, er muß sich in allen möglichen Richtungen gezeigt und ausgebildet haben. 3) Man muß einsehen, daß in diesem Streit nichts Zufälliges, sondern alles ein in den ersten Principien selbst Gegründetes sey. 4) Man muß die Hoffnung aufgeben, diesen Streit jemals dadurch zu beendigen, daß ein System Meister werde über das andere. Wenn es aber unmöglich ist, einseitig eins durch das andere zu unterjochen, so muß man sich 5) – und dieß ist eine neue Bestimmung – man muß sich auch nicht vorstellen, eine Einheit zu finden, in welcher sie sich alle gegenseitig vertilgen, denn auch damit ginge ja der Begriff des Systems unter, sondern die Aufgabe ist eben, daß sie wirklich *zusammenbestehen*. Im ersten Fall (wenn sie sich alle gegenseitig vertilgten) würde man statt des Systems nur einen bodenlosen Abgrund vor sich sehen, in ien alles versinkt, und in dem sich nichts mehr unterscheiden läßt. Nicht vertilgt werden sollen die Systeme, sondern zusamnenbestehen, wie die verschiedenen Systeme in einem Organismus, und durch dieses ihr Zusammenbestehen eine Ansicht erzeugen, die über allen einzelnen liegt, die gesunde Ansicht, bei der der Mensch sich wohl fühlt, wie im gesunden menschlichen Körper alle Differenzen der Organe und Funktionen in Ein untheilbares Leben sich auflösen, dessen Empfindung Wohlseyn ist.

Irgend ein wirkliches System vertilgen, vernichten zu wollen, wäre gerade gegen den Zweck. Denn woraus entsteht die Einseitigkeit der Systeme? Antwort: wie Sie bereits deutlich einsehen müssen, nicht aus dem, was man behauptet, sondern aus dem, was man leugnet. Schon Leibniz sagt irgendwo sehr naiv: »Ich habe gefunden, daß der größte Theil der Sekten Recht haben in einem guten Theil dessen, was sie behaupten, aber nicht so sehr in dem, was sie leugnen«. Leibniz fühlte wohl, daß eben das Ausschließende das Falsche ist, und doch stellte er selbst wieder ein offenbar einseitiges System auf, wenn er behauptete, alles komme in der Welt auf Vorstellkräfte zurück. Derselbe Leibniz sagt an einer andern Stelle seiner Schriften: »Je tiefer man in den Grund der Dinge eindringt, desto mehr Wahrheit läßt sich in den Lehren der meisten Sekten entdecken. Man kommt endlich auf einen perspektivischen Mittelpunkt, in welchem man alles vereinigt findet. Stellt man sich in diesen Mittelpunkt, so sieht man nur Regelmäßigkeit und Übereinstimmung; entfernt man sich von diesem, und je weiter man sich entfernt, desto mehr verwirrt sich alles, ein Theil deckt den andern, die Linien verschieben sich«. Aber er setzt auch hier hinzu: »Sektengeist ist bisher der Fehler gewesen. Man hat sich selbst eingeschränkt, indem man verworfen hat, was andere lehrten«. Also auch hier wird der Fehler ins Verwerfen gesetzt. Warum ist aber derselbe Leibniz eben in denselben Fehler verfallen? Antwort: Sein System stand allerdings auf einer hohen Stufe, und so war freilich auch in diesem System ein gewisser, aber doch immer partiell-perspektivischer Mittelpunkt, von welchem aus manche tiefer stehende Lehren und Behauptungen übereinstimmend erscheinen konnten.

Ich habe bisher von dem äußern Grund des Systems oder dem Bestreben gesprochen, das menschliche Wissen im System – im Zusammenbestehen zu sehen. Dieser äußere Grund ist der an sich unauflösliche Widerstreit im menschlichen Wissen. Ich habe diesen nicht dargethan, bewiesen; ich habe ihn vorausgesetzt und voraussetzen müssen. Hätte ich mich darauf einlassen wollen, so hätte ich statt des Systems selbst auch die Vorbereitung dazu – die Propädeutik desselben – geben müssen. Nämlich die beste Propädeutik ist eben, diesen nothwendigen Widerspruch, in den das erwachende Bewußtseyn, die erwachende Reflexion geräth, von den ersten Wurzeln an durch alle seine Verzweigungen bis zur Verzweiflung zu verfolgen, wo dann der Mensch gleichsam gezwungen ist, die Idee jenes höheren Ganzen zu fassen, in welchem die iderstreitenden Systeme durch ihr Zusammenbestehen jenes höhere Bewußtseyn erzeugen, in dem er wieder frei ist von allem System, über allem System. Dieses Geschäft ist eigentlich das der bloßen Dialektik, welche keineswegs die Wissenschaft selbst, wohl aber die Vorbereitung zu ihr ist.

Also der äußere Grund des Systems ist die ursprüngliche ασυστασία Ungeordnetheit. des menschlichen Wissens. Was ist nun aber das Princip seiner Möglichkeit? Nämlich das Wünschenswerthe eines solchen alles Widerstreitende in Einklang bringenden Ganzen sehen wir wohl ein, aber wie ist es möglich, und unter welchen Voraussetzungen ist es allein denkbar? – Die erste Voraussetzung hierzu ist unstreitig 1) die allgemeine Idee der Fortschreitung, der Bewegung in dem System. Denn es ist allerdings unmöglich, dass widerstreitende Behauptungen, wie man zu reden pflegt, zugleich – nämlich in einem und demselben Moment der Entwicklung wahr seyen. Wohl möglich aber ist, daß für einen gewissen Punkt der Entwicklung der Satz: A ist B wahr sey, für einen andern A ist nicht B. Hier hält die Bewegung die widerstreitenden Sätze auseinander. 2) Aber zu dieser Bewegung bedarf es eines Subjekts der Bewegung und Fortschreitung, worunter das sich Bewegende und Fortschreitende selbst verstanden wird, und in Ansehung dieses Subjekts werden zwei Voraussetzungen gemacht: a) es ist nur Ein Subjekt, das durch alles geht; denn wäre ein ander Subjekt in B, und wieder ein anderes in C, so wäre B und C völlig geschieden, und es wäre kein Zusammenhang. Wie es nur ein und dasselbe Subjekt ist, das in den verschiedenen Gliedern eines Organismus lebt, so muß es nur Ein Subjekt seyn, das durch alle Momente des Systems geht – darum sind aber nicht die Glieder, durch welche es geht, auch einerlei. – Aber b) dieses Eine Subjekt muß durch alles gehen und in nichts bleiben. Denn wo es bliebe, wäre das Leben und die Entwicklung gehemmt. *Durch alles durchgehen und nichts seyn*, nämlich nichts so seyn, daß es nicht auch anderes seyn könnte – dieses ist die Forderung.

Was ist dieses Subjekt, das in allem ist, und in nichts bleibt? Wie sollen wir es nennen? – (Im Vorbeigehen, diese Frage ist identisch mit der sonst so gewöhnlichen, was Princip der Philosophie sey. Nämlich das Princip der Philosophie ist das, was nicht etwa nur im Anfang Princip ist und dann aufhört es zu seyn, sondern was überall und immer, was im Anfang, Mittel und End' gleicherweise Princip ist. – Ferner hat man sonst wohl auch unter Princip einen obersten Satz verstanden. Da man nämlich die Philosophie nur als eine Kette von auseinander folgenden Sätzen betrachtete, stellte man sich vor, daß es einen obersten Ring in dieser Kette geben müsse – einen ersten Satz, aus welchem sodann ein zweiter, aus diesem wieder ein dritter folgt u. s. f. So hatte Cartesius als obersten Satz sein: Cogito ergo sum. Fichte: Ich bin Ich. Allein in einem lebendigen System, das nicht eine Folge von Sätzen ist, sondern von Momenten des Fortschreitens und der Entwicklung, kann von einem solchen obersten Satze nicht die Rede seyn). Also *was* ist Princip des Systems, was ist jenes Eine Subjekt, das durch alles geht, und in nichts bleibt? Wie sollen wir es nennen, was von ihm aussagen? – Wir wollen erst sehen, was die Frage: was ist es? selbst bedeutet. »Etwas namhaft machen, das es ist«. Nun dieß ist leicht. Soll ich etwa sagen; A ist B? Freilich! Aber es ist auch nicht B. Allein ich verlange eine genaue Bestimmung desselben, ich verlange, daß sein Begriff mit festen Grenzen umschrieben, *definirt* werde. Wenn man eine Definition verlangt, so will man wissen, was das Subjekt definitiv ist, und nicht bloß so ist, daß es auch etwas anderes oder gar das Gegentheil davon seyn kann. Dieß ist hier der Fall. Ich kann weder bestimmt sagen, A sey B, noch bestimmt, es sey nicht B. Es ist sowohl B als nicht B, und es ist weder B noch nicht B. Es ist nicht so B, daß es nicht auch nicht B wäre, und es ist nicht so nicht B, daß es schlechterdings und auf keine Weise B seyn könnte. Und dasselbe würde der Fall seyn mit jeder andern Bestimmung, mit C, mit D u. s. f. Was bleibt nun übrig? Soll ich etwa die ganze Reihe hersagen, soll ich sagen: es ist A, B, C, D u. s. f. Aber, meine Herrn, das ist ja eben die ganze Wissenschaft, das ist ja eben schon das System selbst. Was bleibt also übrig? Antwort: ich muß eben das Indefinible, das nicht zu Definirende des Subjekts selbst zur Definition machen. Was heißt definiren? Dem Worte nach: in bestimmte Grenzen einschließen. Definiren läßt sich daher nichts, als was von Natur in bestimmte Grenzen eingeschlossen ist. Daher die Definition einer geometrischen Figur etwas ganz Einfaches, weil eben ihr Wesen in der Begrenzung besteht. Hier ist das Definiendum schon ein Definitum – ich definire sie eigentlich nicht, sie ist schon definirt, und wenn ich sage, ich gebe eine Definition, z. B. von der Ellipse, so heißt dieß nur so viel: ich werde mir der Definition der Ellipse – der in ihr selbst liegenden – nur bewußt. Daher Geometrie = definible Wissenschaft. Allein mit dem Subjekt der Philosophie ist es etwas ganz anderes. Dieses ist schlechthin undefinibel. Denn 1) es ist nichts – nicht etwas, und selbst dieß wäre wenigstens eine negative Definition; allein es ist auch nichts nicht, d. h. es ist alles. Es ist nur nichts einzeln, stillstehend, insbesondere; es ist B, C, D u. s. w. nur, sofern jeder dieser Punkte zu dem Fluß der unzertrennlichen Bewegung gehört. Es ist nichts, das es wäre, und es ist nichts, das es nicht wäre. Es ist in einer unaufhaltsamen Bewegung, in keine Gestalt einzuschließen, das Incoercible, das Unfaßliche, das wahrhaft Unendliche. Zu diesem muß sich erheben, wer der vollkommen freien, sich selbst erzeugenden Wissenschaft mächtig werden will. Hier muß alles Endliche, alles, was noch ein Seyendes ist, verlassen werden, die letzte Anhänglichkeit schwinden; hier gilt es alles zu lassen – nicht bloß, wie man zu reden pflegt, Weib und Kind, sondern was nur Ist, selbst Gott, denn auch Gott ist auf diesem Standpunkt nur ein Seyendes. Hier, wo wir diesen Begriff (Gott) zuerst nennen, mögen wir an ihm als dem höchsten Beispiel jenes Frühere nachweisen. Wir sagten: es ist nichts, das das absolute Subjekt nicht wäre, und es ist nichts, das jenes Subjekt wäre. Nämlich das absolute Subjekt ist nicht nicht Gott, und es ist doch auch nicht Gott, es ist auch das, was nicht Gott ist. Es ist also insofern über Gott, und wenn selbst einer der vorzüglichsten Mystiker früherer Zeit gewagt hat von einer Übergottheit zu reden, so wird dieß auch uns verstattet seyn, und es wird ausdrücklich hier bemerkt, damit nicht etwa das Absolute – jenes absolute Subjekt – geradezu mit Gott verwechselt werde. Denn dieser Unterschied ist sehr wichtig. Also selbst Gott muß der lassen, der sich in den Anfangspunkt der wahrhaft freien Philosophie stellen will. Hier heißt es: Wer es erhalten will, der wird es verlieren, und wer es aufgibt, der wird es finden. Nur derjenige ist auf den Grund seiner selbst gekommen und hat die ganze Tiefe des Lebens erkannt, der einmal alles verlassen hatte, und selbst von allem verlassen war, dem alles versank, und der mit dem Unendlichen sich allein gesehen: ein großer Schritt, den Platon mit dem Tode verglichen. Was Dante an der Pforte des Infernum geschrieben seyn läßt, dieß ist in einem andern Sinn auch vor den Eingang zur Philosophie zu schreiben: »Laßt alle Hoffnung fahren, die ihr eingeht«. Wer wahrhaft philosophiren will, muß aller Hoffnung, alles Verlangens, aller Sehnsucht los seyn, er muß nichts wollen, nichts wissen, sich ganz bloß und arm fühlen, alles dahingehen, um alles zu gewinnen. Schwer ist dieser Schritt, schwer, gleichsam noch vom letzten Ufer zu scheiden. Dieß sehen wir daraus, daß so wenige von jeher dieß im Stand waren. Wie hoch erhebt sich Spinoza, wenn er lehrt, daß wir von allen einzelnen und endlichen Dingen uns scheiden und zum Unendlichen erheben sollen, und wie tief sinkt wieder eben derselbe, wenn er dieses Unendliche zur Substanz, d. h. zu etwas Todtem, Stillstehendem, macht, und wenn er diese Substanz als Einheit des ausgedehnten und des denkenden Wesens erklärt, gleichsam zwei Gewichte, wodurch er sie ganz niederzieht in die Sphäre der Endlichkeit! So zu unserer Zeit Fichte, der vor mir an dieser Stelle stand, der zuerst wieder kräftig zur Freiheit aufrief, dem wir es eigentlich verdanken, daß wir wieder frei, ganz von vorn philosophiren, wie tief sieht er unter sich alles Seyn, in welcher er nur eine Hemmung freier Thätigkeit sieht! Aber indem ihm alles äußere und objektive Seyn verschwunden ist, – im Augenblick, da man erwartet, ihn über alles Seyende sich erheben zu sehen, klammert er sich wieder an das eigne Ich an. Aber nicht bloß die Objekte, auch sich selbst muß der lassen, der sich in jenen freien Äther erschwingen will. Man gesteht dem Menschen zu, sein sittliches Leben durch einen großen Entschluß mitten in der Zeit wie von vorn beginnen zu können. Sollte dieß nicht auch im Geistigen geschehen können? Aber eben hierzu muß er schlechthin von vorn, von neuem geboren werden.

Ich sagte: eben das Indefinible jenes absoluten Subjekts müsse selbst zur Definition gemacht werden. Allein wenn wir genauer zusehen, so überfällt es uns, daß wir damit von jenem absoluten Subjekt doch nichts als einen verneinenden Begriff gewonnen, und so überhaupt Gefahr ist, ins Verneinen zu gerathen. Denn selbst das Wort unendlich drückt ja doch eigentlich nur die Negation der Endlichkeit aus. Ebenso: indefinibel, incoercibel, unfaßlich. Also wissen wir doch eigentlich nur, was jenes Subjekt nicht ist, nicht aber, was es ist. Darum lassen wir aber nun doch nicht ab, sondern streben auf alle Weise den bejahenden Begriff desselben zu erlangen. Wir wollen zusehen, wodurch wir in jene Gefahr des Verneinens gerathen. Was haben wir gethan? Wir sagten uns bestimmt und kategorisch, jenes absolute Subjekt sey das Indefinible, das Unfaßliche, das Unendliche. Aber eben damit haben wir ja gegen unseren eignen Grundsatz gehandelt, nämlich daß von jenem absoluten Subjekt nichts schlechthin, nichts so auszusagen sey, daß nicht auch das Gegentheil möglich wäre. Dieß muß nun auch seine Anwendung haben auf den Begriff des Indefinibeln. Nämlich es ist nicht so indefinibel, daß es nicht auch ein Definibles werden könnte, es ist nicht so unendlich, daß es nicht auch endlich werden könnte, nicht so unfaßlich, daß es nicht auch faßlich. Und wenn Sie nun dieß recht festhalten, so haben Sie den positiven Begriff. Nämlich um sich in eine Gestalt einschließen zu können, muß es freilich außer aller Gestalt seyn, aber nicht dieses, das außer aller Gestalt, das unfaßlich-Seyn ist das Positive an ihm, sondern, daß es sich in eine Gestalt einschließen, daß es sich faßlich machen kann, also daß es frei ist, sich in eine Gestalt einzuschließen und nicht einzuschließen. Denn auch gleich anfangs wurde ja nicht behauptet, daß es schlechthin das Form- und Gestaltlose sey, sondern nur, daß es in keiner Gestalt bleibe, von keiner gefesselt werde. Wir setzten also ausdrücklich voraus, dass es Gestalt annehme; denn nur indem es Gestalt annimmt, aber aus jeder wieder siegreich heraustritt, zeigt es sich als das an sich Unfaßliche, Unendliche. Es würde aber nicht frei seyn, aus jeder Gestalt hervorzutreten, wenn es nicht von Anfang an frei gewesen, Gestalt anzunehmen und nicht anzunehmen. Ich sage von Anfang an – denn nachdem es einmal Gestalt angenommen, so ist es vielleicht nicht fähig, unmittelbar wieder in seine ewige Freiheit durchzubrechen, sondern nur indem es durch alle Gestalten hindurch geht. Aber ursprünglich ist es doch frei, sich in eine Gestalt einzuschließen und nicht einzuschließen.

Ich möchte es aber nicht so ausdrücken: es ist das, was frei ist, Gestalt anzunehmen. Denn so würde diese Freiheit als *Eigenschaft* erscheinen, die ein von ihr noch verschiedenes und unabhängiges Subjekt voraussetzt – sondern die Freiheit ist das Wesen des Subjekts, oder es ist selbst *nichts anderes als die ewige Freiheit*.

Unter dieser ist aber wieder nicht die bloße Unabhängigkeit von äußerer Bestimmung zu denken, sondern eben die Freiheit, sich in eine Gestalt einzuschließen. Nämlich es ist die ewige Freiheit, aber es ist auch diese nicht so, daß es sie nicht auch nicht seyen könnte, nämlich eben durch Übergehen in eine andere Gestalt – und hier sehen wir denn, woher eigentlich jene Duplicität des Seyns und nicht-Seyns, jene natura anceps in ihm kommt, nämlich eben davon, daß es die lautere absolute Freiheit selbst ist. Denn wäre es nur so die Freiheit, daß es nicht auch nicht Nicht-Freiheit werden könnte, daß es Freiheit bleiben müßte, so wäre ihm die Freiheit selbst zur Schranke, selbst zur Nothwendigkeit geworden, es wäre nicht wirklich absolute Freiheit. Nun haben wir endlich den Begriff ganz und vollständig, und so, daß wir ihn nicht wieder verlieren können. Alles, was wir noch zusetzen könnten, ist bloße weitere Auswickelung und Erklärung, und so nehmen Sie es auch auf. Nämlich statt wesentlicher Freiheit können wir auch sagen: 1) es sey das ewige, lautere Können, nicht das Können von etwas (womit schon ein Beschränktes), sondern das Können um des Könnens willen, das absieht- und gegenstandlose Können: dieß ist überall das Höchste, und wo wir es sehen, glauben wir einen Strahl jener ursprünglichen Freiheit zu sehen; 2) es sey Wille – nicht Wille eines von ihm verschiedenen Wesens, sondern es sey nichts als Wille – der lautere Wille selbst, auch nicht der Wille von Etwas (denn damit schon beschränkt), sondern der Wille an sich, nicht der Wille, der wirklich will, doch auch nicht der, der nicht will, nämlich abstößt, sondern der Wille, sofern er weder will noch nicht will, sondern in völliger Gleichgültigkeit ist (einer Gleichgültigkeit, die sich selbst wieder und die Nichtgleichgültigkeit einschließt) – und historisch wenigstens ist Ihnen vielleicht bekannt, daß eben diese Gleichgültigkeit – diese Indifferenz als Form des eigentlichen Absoluten angegeben worden.

Wie nun diese ewige Freiheit sich zuerst in eine Gestalt – in ein Seyn – eingeschlossen, und wie sie durch alles hindurchgehend und in nichts bleibend endlich wieder hindurchbricht in die ewige Freiheit – als die ewig ringende, aber nie besiegte, stets unüberwindliche Kraft, die jede Form, in die sie sich eingeschlossen, immer selbst wieder verzehrt, also aus jeder wieder als Phönix aufsteht und durch Flammentod sich verklärt – dieß ist *Inhalt* der höchsten Wissenschaft.

Aber *wie können wir jene ewige Freiheit innewerden*, wie jene Bewegung wissen? Das ist jetzt die nächste Frage.

Es ist eine uralte Lehre, daß Gleiches nur von Gleichem erkannt werde. Sextus Empiricus adv. Gramm. Üb. I, c. 13. Das Erkennende muß seyn wie das Erkannte und das Erkannte wie das Erkennende: So ist auch das Auge dem Licht ähnlich nach jenem alten Spruch, welchen Goethe in die Vorrede zu seiner Farbenlehre aufgenommen hat:

> Wär' nicht das Auge sonnenhaft,
> Wie könnten wir das Licht erblicken?
> Lebt' nicht in uns des Gottes eigne Kraft,
> Wie könnt' uns Göttliches entzücken?

Hier handelt es sich insbesondere nicht um eine historische Kenntniß jener Bewegung, sondern um eine Mitwissenschaft, conscientia. Hieraus folgt also, daß in uns selbst etwas jener ewigen Freiheit Ähnliches und Gleiches – oder noch bestimmter: jene ewige Freiheit muß selbst in uns seyn, selbst in uns das Erkennende von sich seyn.

Wie ist dieß möglich? – Ich frage: ist denn der Begriff der ewigen Freiheit überhaupt so entfernt von unserem Wissen? Was ist die ewige Freiheit? Wie wir schon gesehen, ist sie a) = dem ewigen, lauteren *Können*. Jedes Können aber ist ein *Wissen*, wenn auch nicht umgekehrt, b) Das Können in Wirkung ist das Wollen: ehe es zur Wirkung übergeht, das ruhende Wollen. Der

Wille, inwiefern er nicht will, Gleichgültigkeit, Indifferenz. Nun aber was ist jedes Wollen? Es ist ein Anziehen, ein sich zum Gegenstand Machen, d. h. ein Wissen, denn auch das Wissen ist ein sich zum Gegenstand Machen, und wenn die ewige Freiheit in ihrer Gleichgültigkeit der ruhende Wille, so ist sie auch das ruhende Wissen = nicht wissendes Wissen. (Meine Behauptung ist übrigens nicht, daß Wollen und Wissen einerlei seyen, sondern nur, daß in jedem Wollen ein Wissen, denn das Wollen kann ohne Wissen nicht gedacht werden).

c) Die Begriffe von Können und Wollen sind vereinigt in dem deutschen Wort *mögen*. Ich mag nicht == Ich will nicht. »Mag auch ein Blinder dem andern den Weg weisen« = Kann auch etc. Die ewige Freiheit ist das ewige Mögen, das Mögen nicht von etwas, das Mögen an sich, oder, wie wir dieß auch ausdrücken können, die ewige Magie: – ich gebrauche dieses Wort, weil es meinen Begriff ausdrückt; es ist zwar ein fremdes Wort, wenn wir es aber für uns gebrauchen, so nehmen wir nur unser Eigenthum zurück. Ob wir sagen, das ewige Können, oder ob wir sagen, die ewige Magie, ist einerlei. Nur empfiehlt sich das Wort dadurch, daß es zugleich jenes Vermögen ausdrückt, in alle Gestalten sich zu begeben und in keiner zu bleiben. Eben dieß gilt aber auch vom Wissen. Auch das ruhende Wissen ist an sich unendlich, das in jede Form sich geben kann. Jene Magie, solang sie unwirkend, ist = ruhendem Wissen. Indem sie wirkend wird, in eine Form sich einschließt, wird sie wissend, sie erfährt ein Wissen, geht so von Formen zu Formen, schreitet von Wissen zu Wissen, aber nur um zuletzt in die Seligkeit des Nichtwissens (welches dann ein wissendes Nichtwissen ist) wieder durchzubrechen. Diese Bewegung erzeugt also Wissenschaft (es ist natürlich hier nicht von menschlicher Wissenschaft die Rede). Wissenschaft entsteht ursprünglich nur dann, wenn ein Princip aus dem ursprünglichen Zustand des Nichtwissens heraustritt und wissentlich wird, und nachdem es alle Formen durchgangen, in das ursprüngliche Nichtwissen zurückkehrt. Was der absolute Anfang ist, kann sich nicht wissen; übergehend ins Wissen hört es auf der Anfang zu seyn und muß darum fortschreiten, bis es sich als Anfang wieder findet. Der als sich selbst wissender Anfang wiederhergestellte Anfang ist das Ende alles Wissens.

In der *ursprünglichen* Magie liegt aber mehr als bloßes Wissen, nämlich objektive Hervorbringung. Um daher *jenes* Wissen, das zugleich ein objektives Hervorbringen und Erzeugen ist, von dem *bloßen* Wissen zu unterscheiden, das nur eine ideale Wiederholung des ursprünglichen Wissens ist, mußte man in der Sprache einen eignen Ausdruck suchen, nämlich *Weisheit*. Weisheit ist noch mehr als Wissen, es ist das wirkende Wissen, es ist das Wissen in That und Leben, oder sofern es zugleich praktisch. Daher können auch wir jene ewige Freiheit die Weisheit nennen, die Weisheit par excellence in dem hohen Sinne, in welchem dieses Wort besonders von den Morgenländern und namentlich im A. T. gebraucht wird. Das hebräische Wort, das Weisheit bedeutet, zeigt eigentlich seinem Ursprung nach Herrschaft, Macht, Stärke an. Nur in der Weisheit ist die Macht und die Stärke, denn sie ist das, was in allem, aber eben darum auch über allem ist. Aber nur in der Einheit ist Stärke, in der Zertrennung Schwäche. Von dieser Weisheit fragt ein altmorgenländisches Gedicht: »Wo will man Weisheit finden, und wo ist die Stätte des Verstandes? Niemand weiß, wo sie lieget, sie wird nicht funden im Land der Lebendigen. Der Abgrund spricht: sie ist in mir nicht, und das Meer spricht: sie ist nicht bei mir« (Hiob 28) Der Sinn ist: die Weisheit ist in nichts Einzelnem, sie weilt nicht im Lande der Lebendigen, denn sie bleibt überhaupt nicht, sie fährt durch alles, wie der Wind, dessen Sausen man wohl hört, aber niemand kann sagen, wo seine Stätte ist. Daß dieß der Sinn ist, erhellt aus der Fortsetzung der Rede, wo es heißt: »Sie ist verhohlen vor den Augen aller Menschen, die Verdammniß und der Tod sprechen: Wir haben mit unseren Ohren ihr Gerücht gehört«, d. h. sie ist an uns vorübergegangen, wir haben von ihr nur gehört in transitu, im Vorbeigehen. »Selbst Gott weiß nur den *Weg* zu ihr«, nämlich sie ist ihrer *Natur* nach nichts Stillstehendes, und auch bei Gott kann sie nicht als ein Stillstehendes seyn. »Gott weiß nur den Weg zu ihr, denn er sieht die Enden der Erde«, d. h. alles menschlichen Lebens, und die Weisheit ist nicht im Anfang, nicht im Mittel, nicht im Ende allein, – sie ist im Anfang, Mittel und Ende.

Also hier ist die Weisheit = ewiger Freiheit.

Nun aber im Menschen ist nicht mehr diese Weisheit, in ihm ist kein objektives Hervorbringen, sondern bloß ideales Nachbilden; er ist nicht der magische Beweger aller Dinge; in ihm ist *nur noch* Wissen. Aber in diesem Wissen *sucht* er die ewige Freiheit oder Weisheit. Wie könnte er sie aber suchen, wenn sie nicht sich selbst in ihm suchte? Denn das Erkannte muß seyn wie das Erkennende. *Wie aber könnte die ewige Freiheit sich in seinem subjektiven Wissen suchen, wenn sie sich noch objektiv suchen könnte?* Denn ihre ganze Bewegung ist allerdings ein Suchen ihrer selbst. Wenn sie sich also im Menschen, im subjektivenWissen sucht, so kommt dieß nur daher, daß sie in ihrem objektiven Suchen gehemmt worden ist. Eben dieß ist der Fall. Wir haben sie beschrieben als die in nichts bleibt. Nun sehen wir freilich, daß sie in nichts bleibt, jede Form wieder zerstört, aber was sie an die Stelle der zerstörten setzt, ist nur wieder dieselbe Form. Also darin ist kein Fortschritt, vielmehr Hemmung zu erkennen. Unwillig treibt sie jede Form bis zur Selbstzerstörung (z. B. die Pflanze bis zur Samenbildung), immer hoffend, daß etwas Neues entstehe. Woher dieser Stillstand, läßt sich nicht erklären, aber der Anblick der Welt überzeugt uns von demselben. Der regelmäßige Lauf der Gestirne, der stets wiederkehrende Cirkel der allgemeinen Erscheinungen deutet auf ihn. Die Sonne geht auf, um unter-, sie geht unter, um wieder aufzugehen. Das Wasser läuft ins Meer, um wieder aus ihm zu kommen. Ein Geschlecht kommt, das andere geht, alles arbeitet, um sich aufzureiben und zu zerstören, und es kommt doch nichts Neues. Objektiv also ist die Fortschreitung gehemmt. Nur im Wissen ist noch der offene Punkt, hier kann sich die Weisheit noch suchen und finden. Darum liegt sie dem Menschen an, sie in sein Inneres aufzunehmen. Zwar das Wirkende, das objektiv Hervorbringende ist aus diesem Wissen verschwunden, die Magie ist daraus hinweg. Was in jener objektive Bewegung, That und Leben war, ist im Menschen nur noch Wissen, aber dieses Wissen ist doch dem Wesen nach dasselbe: es ist die ewige Freiheit, die in ihm noch als Wissen ist; es ist dieselbe Magie, die alles hervorbringt, die aller Kunst Meister ist, aber die jetzt in dem Menschen beschränkt ist auf das Wissen, auf die bloß ideelle Wiederholung des Processes.

Wie können wir jenes absolute Subjekt, die ewige Freiheit wissen; dieser Frage liegt die noch allgemeinere zu Grunde: Wie kann sie überhaupt gewußt werden? Nämlich:

1) Es ist ein Widerspruch darin, daß die ewige Freiheit erkannt werden soll. Sie ist absolutes Subjekt = Urstand; wie kann sie denn Gegenstand werden? Unmöglich kann sie es werden als absolutes Subjekt, denn als solches steht sie zu nichts in gegenständlichem Verhältniß; es ist das absolut Urständliche, dem nichts etwas anhaben kann, insofern das eigentlich Transcendente. Statt absolutes Subjekt ist es auch das reine Wissen zu nennen, und es kann also als solches nicht das Gewußte seyn. Dieß ist an allen den Begriffen zu zeigen, mit denen wir den des absoluten Subjekts oder der ewigen Freiheit verglichen haben. Z. B. wir sagten, es sey ewiges, lauteres Können. Aber das lautere Können entzieht sich allem, es ist ungegenständlich, absolute Innerlichkeit. Das Gleiche ist der Fall mit dem lauteren Wollen und mit dem Mögen.

Wenn nun jene ewige Freiheit als absolutes Subjekt nicht gegenständlich ist, so kommt es darauf an, daß sie Objekt, gegenständlich *werde*. Dieß aber ist wohl möglich. Denn da sie absolute Freiheit, d. h. Freiheit, auch nicht Freiheit (nicht Subjekt) zu seyn, so kann sie als Subjekt heraustreten. Als Objekt ist sie dann freilich zu wissen, wir sehen sie in allen ihren Gestalten, aber nicht als die ewige Freiheit, nicht als Subjekt, nicht *wie sie an sich ist.*

Es scheint also, daß sie überall und auf keine Weise zu erkennen sey. Als absolutes Subjekt ist sie über aller Erkenntniß, als Objekt ist sie nicht in ihrem An-sich. Nur auf Eine Art könnte dennoch das absolute Subjekt *als* solches erkannt werden. Nämlich dann, wenn es aus dem Objekt wiederhergestellt würde zum Subjekt. Denn dann ist es nicht mehr *bloß* Subjekt, und doch auch nicht so Objekt, daß es darüber als Subjekt verloren wäre, sondern es ist als Objekt Subjekt und als Subjekt Objekt, ohne darum zwei zu seyn, *als* das Erkannte das Erkennende und als das Erkennende das Erkannte. Dann erkennt die ewige Freiheit sich, wie sie erkannt war.

Da nur in jener Umwandlung aus Objekt in Subjekt die Möglichkeit eines *Selbsterkennens* der ewigen Freiheit liegt, so ist also auch das absolute Subjekt sich nicht erkennend a) im *Anfang* – denn da ist es das bloße reine Wissen (ruhendes Wissen = nicht wissendes Wissen); ebenso ist es nicht sich erkennend b) im Mittel oder im Übergang, da erkennt es sich, aber als ein anderes, nicht als die ewige Freiheit, c) nur im Ende ist es sich erkennend *als sich*.

Sie soll sich freilich erkennen, es ist darauf abgesehen: was wäre für sie auch anderes zu erkennen *als sich selbst, da nichts außer ihr?* Also sie *soll* Subjekt und Objekt von sich seyn, aber die zwei Pole sind durch die ganze Bewegung auseinander gehalten, eben dieß macht erst die Bewegung, die beiden Enden dürfen nicht zusammenfallen, denn sowie sie zusammentreffen, hört die Bewegung auf. Man kann sich dieß durch eine Magnetnadel deutlich machen: wenn die beiden Pole in der Magnetnadel zusammenkommen könnten, würde das Leben derselben aufhören.

Also die ganze Bewegung ist nur Bewegung zur Selbsterkenntniß. Der Imperativ, der Impuls der ganzen Bewegung, ist das Γνῶθι Σεαυτόν, Erkenne dich selbst, dessen Ausübung allgemein als Weisheit angesehen wird. Erkenne, was du bist, und sey, als was du dich erkannt hast, dieß ist die höchste Regel der Weisheit.

So also ist die ewige Freiheit in der Indifferenz die *ruhende* Weisheit, in der Bewegung die sich suchende, nirgends ruhende, im Ende die verwirklichte. Wenn also in der ganzen Bewegung die sich suchende Weisheit ist, so ist die ganze Bewegung Streben nach Weisheit, es ist die – objektive – Philosophie.

Nun könnte man sagen: hier (im Ende) ist die ewige Freiheit also als absolutes Subjekt erkennbar. Ja, aber *nur für sich selbst.* Die ewige Freiheit kann daher überhaupt nur sich selbst erkennen; es gibt überhaupt keine Erkenntniß von ihr, als in welcher dasselbe dasselbe erkennt. Also für den Menschen scheint es keine Erkenntniß der ewigen Freiheit zu geben. Nun fordern wir aber doch eine solche, und zwar unmittelbare Erkenntniß. Die einzige Möglichkeit einer solchen wäre, wenn jenes Selbsterkennen der ewigen Freiheit unser *Bewußtseyn*, also umgekehrt *unser Bewußtseyn ein Selbsterkennen der ewigen Freiheit* wäre. Oder, da dieses Selbsterkennen auf der Umwendung aus dem Objektiven ins Subjektive beruht, wenn jene Umwendung *in uns* geschähe, d. h. wenn wir selbst die aus dem Objekt ins Subjekt wiederhergestellte ewige Freiheit wären.

Vor diesem Gedanken dürfen wir nicht erschrecken. Denn a) im Menschen allein ist wieder jene abgründliche Freiheit, er ist mitten in der Zeit nicht in der Zeit, ihm ist verstattet wieder Anfang zu seyn, er ist also der wiederhergestellte Anfang, b) Eine dunkle Erinnerung, einmal der Anfang, die Macht, das absolute Centrum von allem gewesen zu seyn, rührt sich offenbar in dem Menschen. Er wäre es nämlich zweimal, 1) inwiefern er dieselbe ewige Freiheit ist, die im Anfang war, nur die wiedergebrachte, er wäre also das absolute Centrum als jener Anfang, und er wäre es 2) als die wiedergebrachte Freiheit.

Allein *wenn* auch der Mensch nur die zu sich gekommene Freiheit ist – wie er sie wirklich ist, denn der Mensch ist seinem Innern. nach nichts anderes als Ichheit, Bewußtseyn, alles Bewußtseyn setzt aber ein zu sich selbst Gekommenseyn voraus – wenn nun aber auch der Mensch dieser wiedergebrachte Anfang ist, so weiß er sich nicht als solchen. Denn wüßte er sich als solchen, wüßte er sich als die zu sich gekommene Freiheit, so bedürfte es gar der Frage nicht, wie wir jene ewige Freiheit erkennen, wir würden sie unmittelbar erkennen, wir wären eben nur jenes Wissen der ewigen Freiheit um sich selbst. Da wir nun dieses Wissen der ewigen Freiheit zwar sind, aber es nicht wissen, so müssen wir in das Wissen dieses Wissens erst wieder geführt werden durch die Wissenschaft. Allein die Wissenschaft hat dazu auch keinen andern Weg, kann es nicht leisten, als *indem sie von der ewigen Freiheit ausgeht*; von dieser kann sie aber nicht ausgehen, ohne von ihr zu wissen. Hier ist also ein offenbarer Cirkel. Wir müßten das Resultat der Wissenschaft schon haben, um die Wissenschaft nur anfangen zu können. Hier sind wir an dem Punkt, wo die Schwierigkeit offenbar ist, die bisher nur dunkel vorschwebte. Was bleibt also übrig? Sollen wir uns etwa mit dem *Ahnden* helfen? Aber ahnden ist ein unvollkommenes Wissen. Ahnden bezieht sich eigentlich nur aufs Zukünftige. Nun kann man zwar nicht widersprechen, daß wir mit dem ersten Schritt in der Philosophie auch das Ende ahnden, es gibt keine Wissenschaft ohne Divination. Es ist aber nicht gleich, ob ich im Anfang das Ende divinire, oder aber den Anfang selbst ahnde, denn letzteres ist ein Widerspruch. Dasselbe ist mit dem *Glauben* der Fall. Ich halte den Glauben in Ehren, aber gleich an das Princip glauben, ist lächerlich. – Oder sollen wir etwa mit einer Hypothese anfangen, die erst zur Gewißheit wird im Ende? Dieß läßt sich hören, aber es genügt nicht. Jedenfalls wäre immer hier ich das Setzende der Wissenschaft und des Princips. Aber in der Philosophie gilt es, sich zu erheben über alles Wissen, das bloß von mir ausgeht. Was ist nun aber zu thun? Wovon sollen wir ausgehen? – Hier muß denn ausgesprochen werden, was die meisten hindert auch nur in die Philosophie hineinzukommen: es ist die Vorstellung, daß sie hier mit einer demonstrativen Wissenschaft zu thun haben, die gleich zuerst von einem Gewußten ausgeht, um von diesem zu anderem Gewußten, von diesem wieder zu anderem u. s. f. zu gelangen. Aber Philosophie ist nicht demonstrative Wissenschaft, Philosophie ist, um es mit Einem Wort auszusprechen, *freie Geistesthat*; ihr erster Schritt ist nicht ein Wissen, sondern vielmehr ausdrücklich ein Nichtwissen, ein Aufgeben alles Wissens für den Menschen. So lang *Er* noch wissen will, wird ihm jenes absolute Subjekt zum Objekt werden, und er wird es eben darum nicht an sich erkennen. Indem er sagt: ich, als ich, kann nicht wissen, *ich – will* nicht wissen, indem Er sich des Wissens begibt, macht er Raum für das, was das Wissen ist, nämlich für das absolute Subjekt, von dem gezeigt ist, daß es eben das Wissen selbst ist. In diesem Akt, da er sich selbst bescheidet, nicht zu wissen, setzt er eben das absolute Subjekt als das Wissen ein. In dem Akt dieses Einsetzens werde ich nun freilich seiner inne als des Überschwänglichen. Dieses Innewerden könnte man wohl auch ein Wissen nennen. Aber es muß gleich dazu gesetzt werden: es ist ein Wissen, das in Ansehung meiner vielmehr ein Nichtwissen ist. Jenes absolute Subjekt ist nur da, sofern ich es nicht zum Gegenstande mache, d. h. nicht weiß, mich des Wissens begebe; sowie aber dieses Nichtwissen sich wieder aufrichten will zum Wissen, verschwindet es wieder, denn es *kann* nicht Objekt seyn.

Man hat dieses ganz eigenthümliche Verhältniß sonst wohl auszudrücken gesucht durch das Wort *intellektuelle* Anschauung. Anschauung nannte man es, weil man annahm, daß im Anschauen oder (da dieß Wort gemein geworden) im Schauen das Subjekt sich verliert, außer sich gesetzt ist: intellektuelle Anschauung, um auszudrücken, daß das Subjekt hier nicht in das sinnliche Anschauen, in ein wirkliches Objekt verloren sey, sondern verloren, sich selbst aufgebend in dem, was gar nicht Objekt seyn kann. Allein eben weil dieser Ausdruck erst der Erklärung bedarf, so ist es besser, ihn ganz bei Seite zu setzen. Eher könnte man für jenes Verhältniß die Bezeichnung Ekstase gebrauchen. Nämlich unser Ich wird *außer* sich, d. h. außer seiner Stelle, gesetzt. Seine Stelle ist die, Subjekt zu seyn. Nun kann es aber gegen das absolute Subjekt nicht Subjekt seyn, denn dieses kann sich nicht als Objekt verhalten. Also es muß den Ort verlassen, es muß außer sich gesetzt werden, als ein gar nicht mehr Daseyendes. Nur in dieser Selbstaufgegebenheit kann ihm das absolute Subjekt aufgehen in der Selbstaufgegebenheit, wie wir sie auch in dem *Erstaunen* erblicken. Dieses ist etwa der sanftere Ausdruck, dessen sich der milde Platon bedient, wenn er sagt: »Vor allem ist dieß der Affekt des Philosophen – das Erstaunen, τὸ θαυμάζειν, und hinzusetzt: denn es gibt keinen andern Anfang der Philosophie als das Erstaunen. (Theat p. 76). Herrlicher Ausdruck, den *Sie* sich tief in Ihre Seele schreiben sollen, besonders da es so viele dumpfsinnige Menschen gibt, die dem Anfänger in der Philosophie immer zurufen, in sich selbst hineinzugehen – in seine tiefsten Tiefen, wie sie sagen, was aber nur so viel heißt: immer tiefer in seine eigne Beschränktheit. Nicht das in sich hinein, das außer sich Gesetztwerden ist dem Menschen Noth. Eben durch das in sich selbst Hineingehen ist er zuerst um das gekommen, was er seyn sollte. Nämlich Er war die ewige Freiheit, die sich selbst verloren hatte, die durch die ganze Natur sich wieder suchte – er war diese wieder zu sich selbst gebrachte Freiheit, und sollte also auch diese bleiben; aber indem er sich nur wieder in ihr selbst beschauen, sie ergründen, sie sich anziehen, also sich zum Subjekt machen wollte, so blieb er freilich Subjekt, aber die ewige Freiheit blieb ihm nun auch bloßes Objekt. Wie kann er es anders anfangen, um wieder zu werden, was er war – die Weisheit, nämlich die Selbsterkenntniß der ewigen Freiheit – als indem er sich selbst wieder jenes Orts entsetzt, sich selbst außer sich setzt?

Ich bemerke hierbei, Ἔκστασις ist eine vox anceps, die im besseren und schlimmeren Sinn genommen werden kann. Nämlich jede Entfernung oder Entsetzung von einer Stelle ist Ekstase. Es kommt nur darauf an, ob etwas entfernt wird von einer ihm zukommenden, gebührenden

Stelle, oder von der ihm nicht gebührenden Stelle. Im letzteren Fall ist es eine heilsame Ekstase, die zur Besinnung führt, während die andere zur Sinnlosigkeit führt.

Wie kann aber der Mensch zu dieser Ekstase gebracht werden, welches so viel heißt als: wie wird der Mensch zur Besinnung gebracht? Ich will dieß im Allgemeinen hier zeigen (nicht die ganze Genesis).

Also indem der Mensch jene ursprüngliche Freiheit sich zum Objekt macht, es mit ihr zum Wissen bringen will, entsteht nothwendig folgender Widerspruch: er will die ewige Freiheit als Freiheit wissen und empfinden, aber indem er sie zum Gegenstand macht, wird sie ihm unter der Hand zur Nichtfreiheit, und doch sucht und will er sie als Freiheit. Er will sich ihrer als Freiheit bewußt werden, und macht sie doch in eben diesem Anziehen zu nichte. Es entsteht daher im Innern des Menschen ein Umtrieb, eine rotatorische Bewegung, indem der Mensch beständig nach der Freiheit sucht, diese aber ihn flieht. Dieser innere Umtrieb ist der Zustand des zerreißendsten Zweifels, der ewigen Unruhe. Nicht bloß die Freiheit hört auf, auch jener, der sie wissen will, ist im Zustand der höchsten Unfreiheit – in beständiger Spannung gegen die Freiheit, die er ewig sucht, und die ihm beständig entflieht. Diese auch auf Seite des Menschen stattfindende Spannung (Spannungslosigkeit = Freiheit) erreicht endlich ihren höchsten Punkt, eine ἀκμή Spitze. , welche eine Entladung zur Folge haben muß, wodurch das, was sich zum Wissenden der ewigen Freiheit in ihr selbst machen wollte, hinausgeworfen – in die Peripherie gesetzt – zum schlechterdings Nichtwissenden gemacht wird. Hier erst ist ihm wieder wohl. Diese Krisis ist aber nur Anfang, Bedingung des eigentlichen Processes, der jetzt beschrieben werden soll. Durch die Entscheidung nämlich sind nun zwei gesetzt, auf der einen Seite unser Bewußtseyn im Zustand des absoluten Nichtwissens, auf der andern das absolute Subjekt, welches nun als ewige Freiheit dem Bewußtseyn aufgeht und sich verkündet als das, was das andere nicht weiß. Diese beiden sind nun zwar außereinander, aber sie bleiben nicht in der Trennung. Sie verließen nur die *falsche* Einheit, in der sie befangen waren, um die wahre, rechte und freie zu gewinnen; aber eben weil sie aus einer und derselben Einheit ausgeschieden werden, so verhalten sie sich fortwährend als gleichsam sympathisirende Organe, wo in dem einen keine Veränderung vorgehen kann, die sich nicht im andern reflektirt. Eine Veränderung aber ist nothwendig, denn das absolute Subjekt kann in dieser Enge (der absoluten Innerlichkeit) nicht bleiben, es begibt sich gleich wieder in Bewegung. Diese Bewegung hat, wie jede Bewegung, drei große Momente, 1) Der *erste* Moment nämlich ist der, wo das absolute Subjekt in der absoluten Innerlichkeit sich findet = A. Diesem entspricht in dem Wissen der Moment, wo es absolute Äußerlichkeit, d. h. Nichtwissen, ist = B. Nun aber kann das absolute Subjekt in diesem absoluten An-sich nicht verharren, es geht nothwendig über in die Äußerlichkeit, oder A wird Objekt = B. Also 2) *zweiter* Moment, A wird B. Im ersten Moment blieb dem Wissen nichts übrig als absolut nicht wissendes zu seyn; im zweiten, wo A = B wird, geht das schlechthin Nichtwissende selbst in Wissen = A über; das als absolutes Nichtwissen, als B, als Äußerliches gesetzte Wissen erhebt sich wieder zum Innerlichen – Wissenden – = A. Der Übergang aus Subjekt in Objekt reflektirt sich durch das Übergehen aus Objekt in Subjekt. Daher braucht man den Ausdruck Reflexion. Wie sich der Gegenstand im Wasser abspiegelt, gerade so steht das absolute Subjekt im umgekehrten Verhältniß zum Bewußtseyn. Das absolute Subjekt läßt nur übrig absolutes Nichtwissen. Wird aber A B, so wird in dem gleichen Verhältnis B A, d. h. Wissen.

Im Moment seiner Äußerlichkeit bleibt aber das absolute Subjekt nicht stehen, es wird c) in einem *dritten* Moment wieder A aus B, es wird wieder aufgerichtet in Subjekt; nur ist es jetzt das aus B wiederhergestellte A. In dem Verhältniß wird das mit ihm im Rapport stehende Wissen sein Verhältniß auch ändern; indem das absolute Subjekt wiederhergestellt wird, muß das Wissen absterben zum Nichtwissen, B, das A geworden, wieder B, d. h. Nichtwissen, werden, aber als aus Wissen zurückgebracht, ist es nicht mehr schlechthin Nichtwissen, sondern es ist wissendes Nichtwissen; es ist Nichtwissen, aber nicht äußerlich, wie im Anfang, sondern innerliches, es hat sich die ewige Freiheit, von der es in jener Krisis ausgestoßen war, wieder zum Innern, *innerlich gemacht*, oder: es hat sich die ewige Freiheit wieder erinnert – jetzt weiß es sie, und zwar unmittelbar, nämlich als das selbst Innere von ihr. Daher die uralte Lehre, daß alle

Philosophie nur in Erinnerung bestehe. (Um wieder zu sich als ursprüngliches Innere der ewigen Freiheit – denn es entstand ja in ihr – zu kommen, mußte es erst außer sich gesetzt werden).

Man kann jenes Verhältniß des Wissens zum absoluten Subjekt durch zwei Linien anschaulich machen. Man denke sich zwei Linien.

$$\text{A} \underset{\text{}}{\overset{\text{B}}{\rule{10cm}{0.4pt}}} \text{B = A}$$

$$\text{B} \underset{\text{}}{\overset{\text{A}}{\rule{10cm}{0.4pt}}} \text{A = B}$$

In diesen Linien ist in der einen das absolute Subjekt (A) der Anfang, in der andern das Wissen im Nichtwissen = B. Beide sind Correlate. Das absolute Subjekt geht nun in einem Punkt seiner Bewegung über ins Objekt (B); in demselben Moment reflektirt sich das B der oberen Linie in der unteren als A, oder das Nichtwissen geht über in das Wissen (A). Nun wird aber im dritten Moment das absolute Subjekt der oberen Linie (A), das im zweiten Moment in das Objekt (B) übergegangen war, wieder aus demselben in das Subjekt zurückgebracht, oder mit andern Worten: B wird wieder A, und in demselben Moment reflektirtsich das B = A der oberen Linie wieder in der Unteren, und es erscheint da A = B oder das Wissen vereinigt mit dem Nichtwissen.

So viel im Allgemeinen. Es ist dieß der Grundriß einer eigentlichen Theorie der Philosophie.

Nun noch einzelne Erläuterungen und Corrollarien. Der Proceß beruht auf einem *Auseinanderhalten* des absoluten Subjekts und unseres Wissens, wobei aber doch ein beständiger Rapport zwischen beiden, so daß mit jeder Bewegung des absoluten Subjekts sich auch das Verhältniß des Wissens ändert. Es kann nach dieser Ansicht nicht mehr die Frage seyn, wie ich mich der *Realität dieses Wissens* versichere. Denn a) in jener Selbstaufgegebenheit, jener Ekstasis, da ich, als ich, mich erkenne als völliges Nichtwissen, wird mir unmittelbar jenes absolute Subjekt zur höchsten Realität. Ich setze das absolute Subjekt durch mein Nichtwissen (in jener Ekstasis). Es ist mir nicht Objekt, das ich wissend weiß, sondern absolutes Subjekt, das ich nichtwissend weiß und eben durch mein Nichtwissen setze. Dieser Rapport zwischen meinem Wissen und dem absoluten Subjekt, kraft dessen in dem absoluten Subjekt ebenso viel Realität als in meinem Wissen nicht-Realität, ist allerdings nur dadurch möglich, daß beide ursprünglich eins, daß die ewige Freiheit ursprünglich in unserm Bewußtseyn oder unser Bewußtseyn ist, ja daß jene ewige Freiheit gar keine Stätte hat, wo sie zu sich kommen kann, als in unserm Bewußtseyn. b) Was von diesem ersten Setzen des absoluten Subjekts gilt, nämlich daß das absolute Subjekt als solches mich nichtwissend, und umgekehrt ich als nichtwissend das absolute Subjekt setze, gilt auch von jedem einzelnen Wissen in dieser Fortschreitung. Nämlich α) das Wissen ist in einer beständigen Veränderung, es ist *stets ein anderes und doch dasselbe*, aber β) nicht mein Wissen gestaltet sich um, sondern es wird gestaltet; *seine* jedesmalige Gestalt ist nur der Reflex (das Umg *ekehrte*, daher Reflexion!) von der in der ewigen Freiheit, und γ) ich appercipire jene Gestalt unmittelbar durch den Reflex in mir, d. h. durch die Veränderung in meinem Wissen. δ) Also geht auch alles Wissen nur *innerlich* auf. Wir sind nicht bloß die *müßigen* Zuschauer, sondern selbst in einer beständigen Umwandlung bis zur Gestalt der vollkommenen Erkenntniß; es ist kein oberflächlicher, es ist ein tiefgehender Proceß, der die Züge seiner Bewegung in unser eignes Innere eingräbt. Und so muß es auch seyn. Nichts kann bloß äußerlich an den Menschen gebracht werden. Durch innerliche Scheidung und Befreiung muß das Licht der Wissenschaft uns aufgehen.

In der Philosophie läßt sich nichts als reiner fertiger Satz hingeben; nur allmählich läßt sich der vollständige Begriff erzeugen. Ich gehe jetzt nochmals auf den schon beschriebenen Proceß zurück, und knüpfe wieder an die oben erwähnte Krisis an, in Folge deren das absolute Subjekt und das Bewußtseyn auseinander treten. Ursprünglich nämlich ist das menschliche Bewußtseyn das Innere, zu Grund Liegende, Tragende oder Subjekt der zu sich selbst kommenden ewigen

Freiheit, aber das stille, d. h. nichtwissende, nicht thätige, nicht hervortretende Innere. Das Zusichkommen der ewigen Freiheit beruht darauf, daß es aus dem Objekt ins Subjekt wieder umgewandelt wird, aus B in A. B ist also das zu Grunde Liegende, gleichsam das Untergelegte dieses A, Nun ist B einzelne Form oder Gestalt – die des Menschen. Also der Mensch oder das menschliche Bewußtseyn ist das stille Innere der zu sich gekommenen ewigen Freiheit, das *einzelne* menschliche Bewußtseyn nur die Grundlage des absoluten oder allgemeinen Bewußtseyns. Dabei jedoch bleibt es nicht stehen Denn sonst *weiß zwar die ewige Freiheit sich selbst, aber nicht der Mensch weiß sie.* Es kann daher nicht fehlen, daß der Mensch jene ewige Freiheit, die er ist (der er Subjekt ist), sich anziehe, sie für sich wolle. Das particulare Princip, das einzelne menschliche Bewußtseyn, welches nur die Grundlage des absoluten oder allgemeinen Bewußtseyns ist, der Mensch also möchte gern das Universalbewußtseyn als sein individuelles. Aber damit hebt er das allgemeine Bewußtseyn selbst auf. Denn dieß beruhte ja eher darauf, daß jenes B in A, das stille, verborgene, unmerkliche Innere des A war. Also indem er jenes lautere Bewußtseyn anziehen will, zerstört er es. Hier also der Widerspruch, daß der Mensch das, was er will, durch sein Wollen zunichtemacht. Aus diesem Widerspruch entsteht jene innere umtreibende Bewegung indem das Suchende das, was es sucht, gleichsam in einer beständigen Flucht vor sich her treibt. Daher zuletzt jene Krisis, in welcher jene Einheit, die wir durch B umgewandelt in A ausdrücker – das Bewußtseyn der ewigen Freiheit das Urbewußtseyn zerrissen wird. Durch die Krisis sind wir wieder in den Anfang gestellt, A ist wieder reines, absolutes Subjekt, so sehr Subjekt daß es nicht einmal um sich selbst weiß; das einzig Neue, das stehen bleibt, gleichsam als Ruine des vorhergehenden Processe; ist das herausgesetzte und zum Nichtwissen gebrachte B. Dieses ist durch das Heraussetzen frei geworden, es ist der erste Augenblick seiner Besinnung, es genießt das erstemal die Freiheit um Seligkeit des Nichtwissens. Es ist nun – um den positiven Ausdruck anzugeben – das, was wir das *freie Denken* nennen können. Denken ist Aufgeben von Wissen; Wissen ist gebunden, Denken in völliger Freiheit, und schon das *Wort* deutet darauf, daß alles freie Denken das Resultat einer aufgehobenen Spannung, eines Auseinanderhaltens, einer Krisis ist. Nämlich entweder kommt es her α) von dehnen, oder β) von dem hebräschen Wort.... oder γ) von $\delta\tilde{\iota}\nu o\varsigma$ Drehung, Umschwung. das einer wirbelnden Bewegung Entkommene. Immer deutet es auf den Ursprung aus einem Streit. Dasselbe Resultat ergibt sich, wenn wir auf einen alten Gebrauch des Worts »denken« zurückgehen, wie er noch :. B. in der Redensart vorkommt: »Vornehme Leute denken lange«, d. h. ihre Erinnerung währt lange. Auch hier ist das Denken als das Herausgesetzte, zuvor Wissende bezeichnet.

Die jetzt auseinander Getretenen sind doch nur das auseinander getretene Urbewußtseyn selbst. In ihrem Eins- und Zusammenseyn *war* das Urbewußtseyn, in ihrem Auseinandergehen ist es auch noch, aber als ein Zerrissenes, das sich wiederherzustellen sucht, das auch *potentiell* im Keim nämlich, als ein Wiederherstellbares darin liegt. Dieses Urbewußtseyn selbst in seiner Potentialität, in seiner bloßen Wiederherstellbarkeit ist die *Vernunft*, oder noch bestimmter: das Urbewußtseyn, das in jenem Außereinander sich wiederherzustellen strebt, das wir nur als eine Anregung, als eine Meldung, als einen Zug in uns empfinden, ist die *Vernunft*. Hieraus erhellt die potentielle, die bloß leidende Natur der Vernunft, aber eben daraus auch, daß die Vernunft nicht das thätige Princip in der Wissenschaft seyn kann.

Da in beiden nur das Urbewußtseyn auseinander getreten ist, so ist nicht bloß das freie, nicht wissende Denken, sondern auch das ihm entgegenstehende absolute Subjekt ist also nur ein Ausgeschiedenes jenes Urbewußtseyns, und nur als solches, als Correlatum meines nichtwissenden, gegenstandlosen Wissens, kann es überhaupt gesetzt seyn, und inwiefern dieses nichtwissende Wissen freies Denken, so kann ich sagen: *es ist durch mein freies Denken gesetzt*, es ist mein Gedanke, aber nicht in dem Sinn, wie auch eine Chimäre mein Gedanke ist, sondern weil es ursprünglich mit dem, was jetzt das Denken ist, eins und beisammen war. Deßwegen wird es eben im Denken ausgeschieden von dem Urbewußtseyn, das auch mein Bewußtseyn war. Ich kann sagen: es ist mein *Begriff* – dieß heißt aber nicht so viel: a) es ist *Gegenstand* meines Begriffs, sondern es ist der Begriff selbst; b) es ist nicht, wie man zu reden pflegt, *bloßer Begriff*, sondern es ist die ewige Freiheit selbst, die nur darum mein Begriff heißt, weil sie im Urbewußtseyn, das auch mein Bewußtseyn war, *ursprünglich* begriffen ist; denn jeder Begriff ist nur ein Ausgeschiedenes aus meinem Bewußtseyn, und heißt eben darum Begriff, weil es in ihm begriffen war. Auch ist es nicht etwa so vorzustellen, als ob das Denken voranginge und das absolute Subjekt setzte, sondern in einem und demselben Akt – in derselben Entscheidung – treten beide hervor; beide werden miteinander geboren und treten zugleich hervor aus der Ureinheit. Das freie, alles Wissens sich erwehrende Denken sieht sich nun gegenüber dem absoluten Subjekt. Es ist ein großer Moment, die eigentliche Geburtsstunde der Philosophie.

Jene Ureinheit aber sucht beständig sich herzustellen. Denn auch jene Scheidung ist ein gewaltsamer Zustand – und zwar ist das Verhältniß der beiden Entgegenstehenden dieses, daß das als absolutes Subjekt, als A, Gesetzte sich herzustellen sucht in B = A, d. h. in das sich selbst Wissende. Es kann in dieser Abstraktion nicht bleiben, denn es hat sein Inneres, seine Erfüllung verloren; es ist das reine Wissen selbst, aber das nicht weiß, es ist das leere Wesen des Bewußtseyns, das Erfüllung sucht; aber seine Erfüllung ist eben in B. Auch A will sich *erinnern* seines Wissens, d. h, B, welches eben sein *Subjekt*, sein *Wissen* war, sich wieder innerlich machen. Nun wird aber A, dieses absolute Subjekt, in seiner Abstraktion nur erhalten durch B, durch die Gewalt des nichtwissenden, sich alles Wissens begebenden Wissens. Seiner Natur nach hält es gleichsam keinen Augenblick Stand, weil es narura anceps ist, Freiheit, die es ist, und auch nicht ist, also sogleich sich entscheiden muß. Also es ist, kann ich sagen, mein Begriff, aber es ist ein Begriff, der stärker ist als ich, ein lebendiger, ein treibender Begriff, es ist das seiner Natur nach Beweglichste, ja die Beweglichkeit selbst. Dagegen verhält sich nun das nichtwissende Wissen zu ihm als die anhaltende, retardirende Kraft dieser Bewegung. Denn eben weil es nur durch die Gewalt des nichtwissenden Wissens erhalten ist in jener Abstraktion, eben darum kann es sich nicht bewegen, wie man zu sagen pflegt, ohne Wissen und Willen dieses Wissens, das sich der Freiheit des Nichtwissens nicht begeben will, und auf diese Weise ist mein Wissen freier, ruhig beschauender, die Bewegung Schritt vor Schritt begleitender Zeuge. – So darf ich denn freilich nicht mehr fragen, *wie ich jene Bewegung wisse.* Denn die Bewegung selbst und mein Wissen dieser Bewegung, jeder Moment der Bewegung und mein Wissen dieses Moments sind jeden Augenblick eins, und dieses anhaltende, retardirende, reflektirende Wissen ist eigentlich das Wissen des Philosophen, ist das, was er in dem Proceß eigentlich sein nennen kann. Denn die Bewegung selbst ist völlig unabhängig von ihm, und – *was sehr wichtig ist* – nicht er bewegt sich in seinem Wissen und erzeugt dadurch Wissen (ein so erzeugtes Wissen ist subjektiv, ein bloßes Begriffswissen, ohne Realität, sondern im Gegentheil sein Wissen ist das an sich Unbewegliche, nicht bloß Nichtwissen, sondern gegen das Wissen sich Setzende, der Bewegung Widerstrebende, sie Aufhaltende, was sie nöthigt in jedem Moment Stand zu halten, zu verweilen und keinen zu überspringen. In diesem Retardiren zeigt sich also auch die eigentliche Kraft des Philosophen; derjenige ist Meister dieser Kunst, der stets besonnen bleibt, der im Stand ist, die Bewegung anzuhalten, sie zu nöthigen, daß sie verweile, der der Bewegung also gleichsam keinen Schritt verstattet, als der nothwendig ist, und ihr auch jederzeit nur den Schritt verstattet, der nothwendig ist, keinen größern und kleinern. Darin also die philosophische Kunst; sowie ja überhaupt der wahre Künstler überall mehr an der anhaltenden und retardirenden als an der producirenden, treibenden, beschleunigenden Kraft erkannt wird.

Man kann sagen: der Philosoph oder jenes Wissen befinde sich mit dem *Treibenden*, gleichsam unaufhaltsam nach Wissen Verlangenden in beständiger Unterhandlung; er muß ihm jeden Schritt schwer machen, sich gleichsam um jeden Schritt mit ihm streiten. Dieser innere Verkehr, dieß beständige Gespräch, in dem zwei Principien sind, eines, das das Wissen selbst, das Wissen als Wesen ist, aber nicht weiß, das andere, das wissend ist, aber nicht das Wesen, *nicht das Wissen selbst* – nur nichtwissendes Wissen – eines, das sich erinnern will, und das andere, das ihm zur Erinnerung hilft. Diese innere Unterredungskunst ist es, von welcher die äußere, die *bloß* davon Dialektik heißt, nur das Nachbild, und wo sie zur bloßen Form geworden, der leere Schein und Schatten ist. Dieses Verhältniß hat gleichsam in seiner Person dargestellt jener, nicht wie man in Hyperbeln zu reden pflegt, sondern wahrhaft göttliche Mann, dessen innere Größe und Herrlichkeit zu begreifen schon allein den Weg zur wahren Philosophie zeigen könnte, – Sokrates, ohne alle Frage der Lichtpunkt, die hellste Erscheinung des ganzen Alterthums, in welchem die Vorsehung zeigen wollte, was die ursprüngliche Vortrefflichkeit der Natur vermöge, Sokrates, der, wenn er sagte, er wisse nur, daß er nicht wisse, dadurch sein Verhältniß bezeichnen wollte zu jenem eigentlich Wissen Erzeugenden, das er überall und wo er konnte zu erregen suchte. Er selbst sagte, er gebäre nicht mehr – wie es auch jenem nichtwissenden Wissen nicht gebührt, das gleichsam das Abgestorbene ist, die gebärenden Kräfte liegen nur in der ewigen Freiheit – er gebäre nicht mehr, wohl aber helfe er zu gebären und leite die Geburt, sich mit seiner Mutter, der Hebamme, vergleichend. Wie eine verständige Hebamme die Geburt nicht übereilt, sondern die Gebärende ermahnt, auszuhalten und auszuharren im Geburtsschmerz, bis die rechte Stunde zur Geburt gekommen ist, so verhielt sich auch er, nicht als der beschleunigende, sondern als der durch beständigen Widerspruch aufhaltende Leiter der Bewegung oder Geburt.

Indem nun, um die Bewegung noch mit wenigen Worten zu beschreiben, indem die Ureinheit, B = A wiederhergestellt wird, kann sich das mit ihm in Rapport stehende B nicht mehr verhalten a) als schlechthin Nichtwissendes (denn es ist nicht mehr bloß Subjekt); b) nicht mehr als Wissendes, denn es hat kein Objekt mehr. Es ist also überhaupt kein Raum für B, und da es doch nicht vernichtet werden kann, so bleibt ihm nichts übrig als selbst aufzugehen in dem B = A, d. h. sich selbst zu erkennen als das in A verwandelte B, und so sich dem A wieder innerlich oder erinnerlich zu machen. Es ist also jetzt a) wieder was zuerst, das stille Innere der ewigen Freiheit (denn es braucht die ewige Freiheit nicht mehr anzuziehen), und doch zugleich das Wissende von ihr, weil es eben aus der Bewegung das ganze vollständige Wissen mit zurückbringt – denn es hat die ewige Freiheit in allen ihren Momenten gesehen, und es ist b) *das sich selbst wissende*, denn es hat sich in allen seinen Tiefen kennen gelernt. Aber eben dieß sollte erreicht werden, daß es sich selbst wisse als das Innere der ewigen Freiheit. Vorher war es das Innere der ewigen Freiheit, aber nichtwissend. –

Das *Ziel* also ist das *unmittelbare* Wissen der ewigen Freiheit. Aber um dieses Ziel zu erreichen, müssen auch hier, wie in der ursprünglichen Bewegung, die Pole auseinander gehalten werden.

Zur Begründung der Philosophie als Wissenschaft gehört auch, daß ihre *Notwendigkeit* dargethan werde. Dieß ist nun aber im Grunde schon durch das Bisherige geleistet. Die Notwendigkeit der Philosophie geht unmittelbar hervor aus jenem unvermeidlichen inneren Streit, von dem die Rede war. Ich sage unvermeidlichen. Denn das menschliche Bewußtseyn kann einmal nicht dabei stehen bleiben, das stille Innere, das bloß Tragende der ewigen Bewegung, der Bewegung der ewigen Freiheit selbst zu seyn. Nicht eben gezwungen, aber doch nothwendig und unausbleiblich wird der Mensch sich die ewige Freiheit, die er ist, anziehen, sie für sich wollen, um eigenmächtig mit ihr zu wirken. Denn es ist nicht zu denken, als wäre dieß bloß im Anfange der Dinge geschehen. Jedes einzelne menschliche Bewußtseyn ist wieder ein Zusichkommen der ewigen Freiheit. Aber in jedem menschlichen Bewußtseyn geschieht wieder dieselbe Anziehung.

So würde also, könnte man sagen, jeder Mensch von Natur sich in jener innern umtreibenden Bewegung befinden? – Aber ist denn dem nicht auch so, und müssen wir nicht gestehen, daß der größte Theil der Menschen in einem besinnungslosen Zustande dahin wandelt? Wenn auch die Spannung, zu welcher innere Thätigkeit gehört, nicht als solche erscheint, so ist sie doch da in ihrem Resultat, der Besinnungslosigkeit; und wenn man jene Spannung in den meisten Menschen nicht mehr wahrnimmt, so ist es nur darum, weil sie nicht einmal bis zu diesem Punkt innerer Thätigkeit gelangen, sondern frühzeitig zerstreut, von ihrem Innern abgezogen in eine für sie wohlthätige Betäubung versetzt werden. So geschieht es, daß ein innerer Kampf in den meisten nicht zum Ausbruch, oder wenigstens nicht zu jenem Grade von Spannung gelangt, der Entscheidung nothwendig macht. Daß der Grund und Anlaß zu jenem innern Widerstreit in der menschlichen Natur liege, erhellt daraus, daß fast in jedem Zeitalter Ununterrichtete und Ungelehrte aufstehen, in denen eben jener innere Kampf von selbst und freiwillig entsteht, und die dann trotz des Widerspruchs der Schulgelehrten auf ihre eigne Hand philosophiren und eine bald mehr bald weniger glückliche Krisis bestehen. Wo aber jener innere Streit ursprünglich erregt ist, ohne durch jene Krisis und Scheidung in besonnenes Wissen sich aufzulösen, da erzeugt er nothwendig das, was wir *Irrthümer* nennen, und alle Irrthümer sind nur Erzeugnisse jener innern, in wildem Kampf sich untereinander bekämpfenden geistigen Kräfte.

Der Irrthum ist nichts Gleichgültiges, nicht bloßer Mangel, sondern eine Verkehrtheit der Erkenntniß (er gehört in die Kategorie von Bösem, Krankheit). Wäre aller Irrthum nur schlechterdings falsch, nämlich von aller Wahrheit entblößt, so wäre er ungefährlich. Von dieser ungefährlichen Art sind freilich manche Behauptungen, denen man zu viel Ehre erweisen würde, wollte man sie für Irrthümer erklären. Denn auch der Irrthum hat etwas Ehrwürdiges, es ist stets etwas von der Wahrheit in ihm, aber eben diese Entstellung, diese Verkehrung der Wahrheit, diese in dem schrecklichsten Irrthum noch erkennbaren oder wenigstens dunkel gefühlten Züge der ursprünglichen Wahrheit sind das Entsetzliche des Irrthums. Die sanfteste Kraft – die in den Bildungen organischer Wesen wirkende –, wenn sie gehemmt wird, erzeugt das Monströse, das uns schrecklich ist nicht wegen seiner Unähnlichkeit, sondern eben wegen seiner Ähnlichkeit mit dem wahren Gebild, weil noch immer die menschliche Gestalt erkennbar ist. Auch jene innere Rotation entsteht durch eine Hemmung, eine Anziehung, aber die bewegende Kraft hört nicht auf, denn sie strömt aus ewiger Quelle.

Man könnte sagen: der Irrthum entsteht durch das bloße wissen *Wollen*. Man darf also nur nicht wissen *wollen*, so ist man vor dem Irrthum gesichert. Dieß ist allerdings das Hausmittel, dessen sich die meisten bedienen. Allein 1) wissen wollen hängt nicht von dem Menschen ab, er will wissen, eh' er weiß, daß er wissen will. Denn schon jedes einzelne Bewußtseyn entsteht im Menschen aus einer Anziehung, ein sich zum Gegenstand Machen dessen, was er ist. Der Mensch befindet sich also schon von Natur in einem Wissen, – eben in jenem Wissen, in das er sich versetzt, indem er gegen die ewige Freiheit, die er seyn sollte, sich zum wissenden Subjekt macht. Da nun dieses Wissen entstanden ist dadurch, daß er die ewige Freiheit zum Objekt machte, sie gleichsam von ihrer Stelle rückte, so hat dieß natürlich nur Entstellung, des Wissens zur Folge, und ein *Gemisch* von Wahrem und Falschem mußte in seiner Erkenntniß entstehen. In diesem gemischten, unreinen Wissen leben wir von Natur – daher auch das »natürliche« Wissen. Menschen, welche ohne erst gereinigt zu seyn und gleichsam ganz bedeckt von der Unreinheit dieses Wissens sich der Philosophie nahen, müssen nothwendig in noch größere Verwirrung gerathen, als in der sie sich ohnedieß befinden. Natürlich kann ihr ganzes Dichten und Trachten nur dahin gehen, eben jenes verkehrte Wissen zu behaupten, und sich für dieses wie für ihr Eeben zu wehren: – ganz recht, denn ihr Leben ist nur in diesem Wissen. Daher sie, was sie in diesem Wissen finden, als allgemein-gültige ewige Wahrheiten aufstellen. Z. B.: »das Natürliche ist außer dem Übernatürlichen«. Freilich ist es jetzt so, und schmerzlich empfinden wir diese Trennung, und eben von diesem Schmerz verlangten wir durch höheres Wissen befreit zu werden. Aber weil jene ganz von der Gegenwart, von dem Stillstehenden befangen, sehen sie weder, daß es einen Punkt gab, wo das Natürliche im Uebernatürlichen war (jene ewige Freiheit, aus der alles herkommt, ist über alle Natur), und einen Punkt, wo es wieder darin ist, wie es denn im Menschen wieder darin seyn sollte. Jene wunderbare Verknüpfung von Freiheit und Nothwendigkeit im Menschen sagt ihnen nichts: beide sind sich unendlich fern und unendlich nah; die sich selbst entfremdete Freiheit ist Natur, die wieder in sich zurückgenommene Natur ist Freiheit. Es bedarf bloß der Wiederumwendung. Der Mensch ist eben dadurch in Irrthum gefallen, daß er das Natürliche in sich vom Übernatürlichen schied. Die also für jenen Dualismus kämpfen, streiten im Grunde eben für jene Schuld des Menschen, und wollen das, was bloß Schuld des Menschen ist, auf die Natur, den Gegenstand selbst werfen.

Besser als diese Versuche, mit jenem ungeläuterten und gemischten Wissen es zur Wissenschaft bringen zu wollen, ist allerdings noch die übrigens trostlose Lehre, daß wir überhaupt nichts zu wissen vermögen; sie sehen, daß mit *diesem* Wissen nichts zu wissen ist, und wollen es doch nicht aufgeben, jene Krisis nicht zu bestehen. Kant nennt seine Philosophie eine *kritische*, und hätte sie es wirklich bis zu jener Krisis gebracht, möchte sie wohl den Namen führen. Allein sie ist doch nur ein Anfang zur eigentlichen Krisis, denn wenn Kant z. B. sagt, daß wir mit den Formen unseres endlichen Verstandes das Übersinnliche, Göttliche nicht zu erkennen vermögen, so hat er darin ganz recht und hat nichts gesagt, als was sich eigentlich von selbst versteht. Allein er setzt dabei immer voraus, daß es mit diesen Formen erkannt werden müßte, wenn es erkennbar wäre.

Diesem natürlichen Wissen soll also der Mensch absterben. In der Philosophie ist nicht der Mensch der Wissende, sondern er ist das dem eigentlich Wissenerzeugenden widerstrebende, durch beständigen Widerspruch es anhaltende – reflektirende –, aber eben darum für sich gewinnende freie Denken. Jenes Wissenerzeugende aber *vermag* alles, denn es ist der Geist, der durch alles geht, die ewige Magie, die Weisheit, die aller Kunst Meister ist. In ihr ist, wie ein späteres morgenländisches Buch sich ausdrückt (sapient. c. 7) , der Geist, der verständig ist, einig und doch mannichfaltig zugleich (dieß eine sehr wichtige Bestimmung) und gehet durch alle *Geister*, wie verständig, scharf und lauter sie seyen – also auch durch den höchsten Geist; denn die Gottheit selbst, obwohl die Lauterkeit selbst, ist nicht lauterer als sie – sie geht durch alle Geister, denn sie ist das Allerbehendeste oder, wie es in dem griechischen Grundtext heißt: πάσης γὰρ κινήσεως κινητικώτερον σοφία, διήκει δὲ καὶ χωρεῖ; διά πάντων κ. τ. λ. beweglicher als alles Bewegliche, was mit dem übereinstimmt, was ich schon sagte: sie ist die Beweglichkeit selbst und darum beweglicher als jede einzelne Bewegung; sie ist einig und kann – vermag – macht (auch das deutsche Wort machen kommt von mögen her) – und macht doch alles, sie bleibt, das sie ist, und erneuert doch alles, d. h. schafft stets Neues, bringt stets Neues aus Neuem hervor: dieß beständig eins- und doch immer ein-anderes-Seyn ist das Eigenthümliche des Wissens; Wissen ist weder in dem, das immer eins bleibt, nicht aus sich hinausgeht, noch in dem, das schlechthin auseinander fällt, im Einheits-, im Zusammenhanglosen; Wissen ist Cohärenz, eins und doch vieles, stets ein anderes und doch immer eins.

Diese Weisheit ist nicht fern von dem Menschen, denn sie ist nur das Ausgeschiedene des Urbewußtseyns, das ursprünglich auch sein Bewußtseyn war. Der Mensch sollte das stille Innere der zu sich gekommenen ewigen Freiheit seyn, die eben durch dieses zu-sich-Kommen die verwirklichte Weisheit war. Wenn dieses zu-sich-selbst-Kommen nicht gestört wurde, so war die im Menschen zu sich selbst gebrachte, also sich selbst wissende Freiheit auch die ihrer selbst mächtige, und auch die jetzt nicht ihrer selbst mächtige – die wir in der Natur sehen – wurde zur besonnenen, und die sich selbst wissende ewige Freiheit – und durch sie der Mensch – war die besonnene Macht oder Magie aller Dinge. Aber der Mensch störte jenes zu-sich-selbst-Kommen, indem er die ewige Freiheit für sich wollte. Doch konnte er nur die sich anziehen, die er war, d. h. die in ihm zu sich selbst gekommen war, nicht jene, welche eben dieser untergeordnet und dadurch auch frei werden sollte. Diese also blieb äußerlich stehen, wo sie noch immer ihre Wunder hervorbringt, zwecklos insofern als sie das Hervorgebrachte immer wieder aufreibt und zerstört, nur um wieder dasselbe hervorzubringen – in einer gleichsam eiteln Geschäftigkeit, die aber nicht ihr Wille ist, die sie gegen ihren Willen treibt.

Die ewige Freiheit aber, die er war, verdrängte er von ihrer Stelle; eben dadurch, daß er sie anziehen wollte, also sich zum Subjekt gegen sie machte, schloß er sie aus (dieß der oft erwähnte Widerspruch); darum wird die Weisheit in jenem alten morgenländischen Buch beständig vorgestellt als die ausgeschlossene – »sie klagt auf den Gassen« (Prov. 1, 20), und wer sie sucht, findet sie leicht, er findet sie »vor seiner *Thür* (Sapient. 6,15.) auf ihn warten«. Beständig fordert sie den Menschen auf, jene innere Spannung aufzugeben, sich selbst und dadurch auch sie wieder, soweit es seyn kann, in Freiheit zu setzen, welches eben in jener Krisis geschieht, die wir als den Anfang der Philosophie, d. h. der Liebe zur Weisheit, bezeichneten.

Auch jene ihm äußerliche, in der Natur stehen gebliebene Freiheit ist mit der im enschen gefesselten einverstanden, auf deren Befreiung auch sie wartet. Sie zeigt sich einverstanden mit jener inneren, indem sie dem Menschen das äußere Leben ebenso erschwert wie jene das innere. Den Unerfahrenen zieht sie durch ihren unwillkürlichen Reiz an – ihren unwillkürlichen, denn sie möchte ihn gern verhüllen, aber sie warnt ihn selbst sich ihr zu geben, und lehrt ihn bald schmerzliche Erfahrung, lehrt ihn mit Schaudern von diesem Abgrund zurücktreten. Sie verbirgt ihm nicht, hat es gleichsam keinen Hehl vor ihm, sagt es ihm selbst, daß sie ihn nur täusche. Und da sie als diese stillstehende recht eigentlich das Werk des Menschen ist, zeigt sie auf alle Weise, daß sie ihm keinen Dank dafür weiß.

Alles also fordert den Menschen zu jenem Aufgeben seines Wissens, zu jener Scheidung auf, durch die er zuerst sich in völliger Freiheit erblickt, aber auch ihm gegenüber die vorige Freiheit in ihrer uranfänglichen Lauterkeit.

Hiemit beschließe ich die Untersuchung über die Natur der Philosophie als Wissenschaft. Es ist immer schon ein bleibender Gewinn, zu wissen, was wahre Philosophie sey, und wie sie sich zu dem Menschen und zu den andern Bestrebungen des Menschen verhalte. Der Begriff der Weisheit ist selbst für den nicht unfruchtbar, der auf eigentliche Philosophie verzichten wollte. Nicht bloß in dem, was die Schule so nennt, zeigt sich die Liebe zur Weisheit. Die Weisheit ist in allem; der sie sucht, dem kommt sie aus allem entgegen. In allen möglichen Gegenständen, in allen Wissenschaften ist sie verborgen, und diese Liebe, dieses Suchen der Weisheit veredelt jedes Studium. Wer sie findet, der besitzt einen eigentlichen Schatz in ihr, sie veredelt das Gemeinste, und macht ihm hinwiederum das Edelste und Höchste gemein, daß er damit umgeht als mit täglichem Brod. Aber nur den reinen Seelen gibt sie sich. Denn nur dem Reinen offenbart sich das Reine.

Philosophie der Offenbarung

Zehnte Vorlesung

Stets habe ich gesucht, auch wenn meine Vortrage auf einen speziellen Gegenstand sich bezogen, sie so einzurichten, daß sie zugleich als eine Einweihung in die höhere Philosophie selbst betrachtet werden konnten. Von dieser Gewohnheit werde ich nun allerdings auch diesmal nicht abgehen. Ich werde nichts, was zum Verständnis des folgenden Vertrags erforderlich ist, bloß stillschweigend voraussetzen. Ich werde also eigentlich *nichts* voraussetzen – nichts als diejenige logische Bildung, diejenige Fähigkeit zum Denken, die zum Verständnis jedes Vertrags, ja zu dem Studium der Logik selbst erforderlich ist. Ich werde so anfangen, daß jeder mir folgen kann, also ganz von vorn. Ich werde daher von den ersten Anfängen der Philosophie ausgehen, und diese dann bis zu dem Punkt führen, von welchem aus ein unmittelbarer Übergang in den besonderen Gegenstand dieses Vertrags möglich ist.

Wenn man die Philosophie als die schlechthin von *vorn* anfangende Wissenschaft erklärt, so läßt sich dieses zunächst *subjektiv* verstehen, nämlich etwa so: In der Philosophie müsse man mit jedem auf das möglichste *Minimum* der Erkenntnis oder gar auf das völlige Nichtwissen zurückgehen. Es möchte nun zwar jeder, der in irgend einer Zeit zur Philosophie kommt, besonders aber derjenige, der seine ersten Begriffe unter den Einflüssen einer alles anregenden, über alles redenden, aber über weniges oder nichts zur Klarheit gelangten Zeit gebildet hat – ein solcher besonders möchte gar vieler Vorübungen bedürfen, um von der Verwirrung seiner bloß zufällig gebildeten Begriffe und den Angewöhnungen falscher Denkverknüpfungen oder eines alles vermengenden Sprachgebrauchs vor allem befreit und so für da; wahre Wissen empfänglich gemacht zu werden. Aber diese Vorübungen, deren subjektive Notwendigkeit in die Augen fällt, sind nicht die Philosophie in ihrer Objektivität, und die Philosophie selbst scheut sich keineswegs, bei ihrem ersten Auftreten, ja schon mit ihrem Nehmen die *höchste* Forderung auszusprechen. Sie kündigt sich nicht als eine Wissenschaft an, die auf geratewohl, nämlich ohne eigentlich zu wissen, was sie wolle, oder etwa auch mit dem Vorsatz anfängt, sich allem blindlings zu unterwerfen, was durch eine gewisse Art der Gedankenverknüpfung herauskomme; sie kündigt sich vielmehr an als Wissenschaft, die einen bestimmten Zweck vor Augen hat, die etwas Bestimmtes erreichen will, und keineswegs gesonnen ist, auch das für wahr und für richtig gefunden zu halten, sich auch dem zu unterwerfen, was jenem entschiedenen Wollen widerstreitet oder gar widerspricht. Sie macht daher ganz unverhohlen zum voraus eine Forderung an sich selbst; sie verlangt von sich selbst, daß sie etwas Gewisses leisten oder erfüllen solle. Sogar der bloße Zusehende ist nicht gleichgültig bei dem, was die Philosophie etwa herausbringe, er schreibt sich ein Urteil über die *Sache* zu, wenn auch nicht über die Mittel, mit denen sie zustande gebracht worden. Cervantes erzählt von einem Maler zu Ocanna, der, wenn man ihn fragte, was er male, antwortete: »was herauskommt«. Indes hat die Malerei noch immer eine große Freiheit. Ob sie eine Kirche oder (wie manche Niederländer) eine Küche, eine große heroische Handlung oder einen Jahrmarkt malt, immer erfüllt sie ihren Beruf. So ist es nicht mit der Philosophie. Keiner, auch von denen, die übrigens durchaus keinen Anspruch machen selbst zu philosophieren, wird z.B. zugeben, daß eine wesentlich unsittliche, alle Gründe der Sittlichkeit in sich aufhebende Lehre Philosophie sei, gesetzt selbst diese Lehre sei mit ungemeinem Scharfsinn, einer Konsequenz und mit einem Schein von Wahrheit vorgetragen, den er sich selbst überwinden zu können nicht zutraut. Manche Schriftsteller, die übrigens eher unter die erbaulichen, als unter die philosophischen zu rechnen sind, haben sich begnügt, philosophische Systeme vorzüglich von der sittlichen Seite anzugreifen. Indem sie aber auf das Wissenschaftliche derselben sich nicht einließen und dieses stillschweigend vorübergingen oder gar gelten ließen, zeigten sie die seltsame Meinung, als könnte ein überlegener Verstand auch etwa das wesentlich Unsittliche wahr machen. So kamen sie denn zuletzt dahin, den Verstand in ein völlig feindliches Verhältnis gegen alles zu bringen, was sie höhere Erkenntnis nannten, besonders gegen die religiöse und sittliche Überzeugung, so daß am Ende diejenige Philosophie für die religiöseste und sittlichste hätte gelten müssen, welche dem Verstand den geringst möglichen Einfluß auf sich verstattete. Aber so seltsam ist der Mensch nicht organisiert. Man kann sich überzeugt halten, und es ist *Pflicht* überzeugt zu sein, daß alles Unsittliche auch an sich und in seiner Wurzel schon unverständig ist, und umgekehrt gerade das, was der höchste Verstand erkennt, seinem Innersten Wesen nach sittlich und mit allen sittlichen Forderungen übereinstimmend sein muß. Man vgl. hierzu die ähnlichen Äußerungen in Schellings Erster Vorlesung, in Berlin. D.H.

Wenigstens darin stimmen alle überein, daß die Philosophie etwas *Vernünftiges* herausbringen müsse. Sie gestehen also damit auch einen Zweck und ein Wollen ein. Die Frage, die sich über das Vernünftige erheben kann, ist nicht, ob man es wolle, sondern diese: *was* im gegebenen Fall das Vernünftige sei. Denn obwohl man behaupten *kann*, daß alles Wirkliche, soweit es ein wahrhaft Wirkliches ist, am Ende auch *auf irgend eine Weise* vernünftig sein müsse, so ist doch dieses Vernünftige in gar vielen Fällen ein so unendlich Vermitteltes, daß es mit bloßer oder, wie man zu sagen pflegt, reiner Vernunft nicht als ein solches zu erkennen ist. In vielen Fällen ist das Vernünftige nur, was aus der gegenwärtigen, einmal eingesetzten Ordnung der Dinge mit Notwendigkeit folgt. Hier reicht also die *bloße* Vernunft nicht zu, es muß auch die Kenntnis der wirklichen Verhältnisse, *die Erfahrung* hinzukommen. Die Welt, wie sie ist, sieht nach nichts weniger aus als nach einem Werk der reinen Vernunft. Gar vieles ist in ihr, das keineswegs bloße Folge der Vernunft, sondern nur Folge der Freiheit sein zu können scheint. Man kann insofern noch immer mit größerer Richtigkeit sagen, das Absehen der Philosophie gehe auf das Sittliche, als es gehe auf das Vernünftige.

Daß das Wollen, welches die Philosophie leitet, und selbst wenn es nicht zum klaren Bewußtsein kommen sollte, wenigstens als ein *Trieb* wirkt, der die Philosophie nach einem bestimmten Ziele hintreibt, daß dieses Wollen mehr ein sittliches Wollen ist, kann man auch noch aus einem andern Umstand schließen, nämlich aus der Erscheinung, daß in Sachen der Philosophie oder philosophischer Systeme der Vorwurf der Unwahrheit oder des Irrtums anders empfunden wird als in irgend einem andern Wissen. Denn wer einem andern sein philosophisches System angreift, greift im Grunde nicht bloß seinen Verstand, sondern zugleich seinen *Willen* an. Daher kommt es, daß in philosophischen Streitigkeiten von jeher eine eigentümliche Leidenschaftlichkeit bemerklich geworden ist. Wer überwiesen wird, in der Philosophie das Rechte, d.h. das was eigentlich zu erreichen war, nicht erreicht zu haben, der fühlt sich immer dadurch zugleich in seinem moralischen Wert verkürzt, wie es denn allerdings ganz richtig ist: Wie der Mensch, so seine Philosophie.

Schon der Name Philosophie enthält, daß sie wesentlich ein *Wollen* ist. Philosophie heißt Liebe, Streben nach Weisheit Also nicht jede Erkenntnis, gleichviel welchen Inhalts, sondern nur die Erkenntnis, welche Weisheit ist, genügt dem Philosophen. Der gemeine Sprachgebrauch selbst unterscheidet Weisheit von Klugheit. Klugheit wird schon demjenigen zugeschrieben, der sich vor *Übel* zu hüten weiß. Soweit ist Klugheit etwas bloß Negatives. Sie gehört allerdings, wie zu allen menschlichen Geschäften, ebenso auch zur Philosophie, und zu dieser zwar ganz vorzüglich. Initium sapientiae stultitia caruisse. Es gehört große Vorsicht, Erfahrung, ja eine wahre Schlangenklugheit dazu, sich vor dem Irrtum zu hüten, da der Verleitungen zu demselben so viele und zahlreiche sind, die den Unerfahrenen gleichsam auf allen Punkten umgeben. Aber soweit hat die Klugheit die bloße Bedeutung eines Mittels. Man nennt im Allgemeinen denjenigen klug, der zu seinen Zwecken die kürzesten und sichersten Mittel ebenso geschickt zu *wählen* als geschickt anzuwenden versteht, gleichviel von welcher Art diese Zwecke seien, ob sittlich oder unsittliche, und ob die Mittel an sich verwerflich seien oder Billigung verdienen. Klugheit verträgt sich also auch mit Zwecken, die an sich eigentlich keine Zwecke sind, denn nie kann das Unsittliche ein wahrer Zweck sein. *Weisheit* wird man demjenigen nicht zuschreiben, der entweder unsittliche, oder auch an sich löbliche Zwecke mit unsittlichen Mitteln erreichen will, ein solcher sieht nie auf das *wahre Ende*, auf das eigentlich zuletzt oder in letzter Instanz sein *Sollende* hinaus, sondern nur auf das jetzt und zunächst Mögliche. Weisheit also richtet sich nach dem zuletzt allein Bestehenden oder bestehen Könnenden, was eben das *wahre*, nämlich nicht ein selbst bloß vorübergehendes, sondern das *bleibende* Ende ist. Weisheit setzt also Erkenntnis dieses wahren Endes voraus. Aber ohne Erkenntnis des Anfangs gibt es auch keine Erkenntnis des Endes, und was sein Ende nicht finden kann, z.B. eine Rede, hat eigentlich nie seinen Anfang gefunden. Weisheit setzt also eine vom wahren Anfang bis ins wahre Ende hinausgehende Erkenntnis voraus. Der Mensch findet sich im Beginn seines Daseins gleichsam in einen Strom geworfen, dessen Bewegung eine von ihm unabhängige ist, der er unmittelbar nicht widerstehen kann, und die er zunächst bloß *leidet*; dennoch ist er nicht bestimmt, sich von diesem Strom wie ein totes Objekt bloß fortziehen oder fortreißen zu lassen, er soll den Sinn dieser Bewegung verstehen lernen, um ihr selbst in diesem Sinn förderlich zu sein, und nicht etwa mit vergeblicher Anstrengung sich entgegenzustemmen, ferner um genau unterscheiden zu können, was unabhängig von ihm diesem Sinn gemäß oder zuwider geschieht, nicht um das Letzte immer direkt zu bestreiten, sondern um das Böse wo möglich selbst zum Guten umzulenken, und die Kraft oder Energie, die das nicht sein Sollende entwickelt, selbst für die wahre Bewegung zu benutzen. Gesetzt nun aber, der Mensch hätte sich durch die möglich tiefste Nachforschung überzeugt, daß diese Bewegung schon in ihrem Anfang eine völlig blinde sei, und eben darum auch entweder gar kein Ende habe, völlig zwecklos ins Unendliche fortschreite (die Geschichte kein Ziel habe), oder daß das Ende ein solches sei, das nur blindlings, infolge einer blinden Notwendigkeit erreicht wird, so würde er auch alsdann, wenn er nicht etwa den unnatürlichen Kampf des Stoikers gegen das unbezwingliche Schicksal kämpfen wollte, sich wohl entschließen, dieser unerbittlichen und unabwendlichen Bewegung sich zu unterwerfen und in *seinem* Tun soviel möglich anzuschließen, aber *dieser* Entschluß hätte dann offenbar mehr den Charakter der Klugheit als den der Weisheit. Soll also der Mensch sein Leben weislich, d.h. mit Weisheit, einrichten, so muß er voraussetzen, daß auch in jener Bewegung selbst Weisheit sei. Denn nur dann kann er sich ihr mit freiem Selbstwollen, d.h. als ein Weiser, hingeben und unterordnen.

Verlangt der Mensch eine Erkenntnis, die *Weisheit* ist, so *muß* er voraussetzen, daß auch im Gegenstand dieser Erkenntnis Weisheit sei. Es ist ein Axiom, das sich schon aus den ältesten Zeiten der griechischen Philosophie herschreibt: »wie das Erkannte, so das Erkennende«, und umgekehrt. Das schlechthin Erkenntnislose könnte auch durchaus nicht erkannt werden, d.h. Gegenstand der Erkenntnis sein. Alles was Gegenstand der Erkenntnis ist, ist dies nur soweit, als es selbst die Form und das Gepräge des Erkennenden schon an sich trägt, wie jedem einleuchten muß, der auch nur die Kantsche Theorie der Erkenntnis etwas geistreicher als gewöhnlich aufzufassen versteht. So auch die Weisheit. Es gibt keine Weisheit für den Menschen, wenn im objektiven Gang der Dinge keine ist. Die erste *Voraussetzung* der Philosophie als Streben nach Weisheit ist also, daß in dem Gegenstand, d.h. daß in dem Sein, in der Welt selbst Weisheit sei. Ich verlange Weisheit, heißt: ich verlange ein mit Weisheit Voraussicht, Freiheit besetztes Sein. Die Philosophie setzt ein, nicht wie es sich trifft, sondern ein gleich anfangs mit Weisheit, mit Voraussicht, und also mit Freiheit entstehendes Sein voraus. Hieraus ergibt sich aber das folgende Allgemeine. Es kann überhaupt nicht die Absicht der Philosophie sein, innerhalb des einmal gewordenen Seins stehen zu bleiben, sie muß *über* dieses Sein, das wirkliche, das gewordene, das zufällige hinausgehen können, um es zu begreifen.

Hiermit habe ich *Sie* denn zugleich in den eigentlichen Anfang der Philosophie gestellt. Der Anfang der Philosophie ist, was *vor* dem Sein ist, versteht sich vor dem wirklichen, und ich bitte *Sie* nun, *Ihre* Aufmerksamkeit ganz diesem Begriff »dessen was *vor* dem Sein ist« zuzuwenden. Nun scheint es aber gleich, daß, was vor dem Sein ist, soweit es *vor* dem Sein ist, eigentlich selbst noch nichts ist, nämlich nichts im Vergleich mit dem, was hernach sein wird, oder im Verhältnis zu dem Sein, über das wir eben hinausgegangen sind, das wirkliche. Obgleich aber hinausgegangen über das Sein, betrachten wir das, was vor dem Sein ist, doch nur in bezug auf eben dieses Sein, denn ein anderes Mittel es zu bestimmen oder zu erkennen, gibt es für uns nicht. Und da wir es denken oder setzen, eigentlich nicht zunächst um es selbst und an sich kennen zu lernen, sondern um das Sein aus ihm zu begreifen, so ist es für uns auch vollkommen hinreichend, es vorerst nur in bezug auf dieses Sein zu bestimmen. In bezug auf dieses Sein ist es aber ganz *Zukunft*, es ist das noch nicht Seiende, aber das *sein wird*. Der Ausgangspunkt der Philosophie ist soweit nicht das schon Seiende, sondern das, was sein wird, und unsere nächste Aufgabe ist nun eben in dessen Wesenheit einzudringen, oder es nach diesem Begriff des absolut

Zukünftigen – dessen was sein wird – näher zu bestimmen. Hier scheint es nun aber: das, was sein wird, könne seiner Natur nach, und wenigstens in unserem ersten Denken, nichts anderes sein als das *unmittelbar sein Könnende*. Es wird sich nachher anders finden, aber eben dieses mag als Beispiel dienen, wie wenig in der Philosophie dem ersten Gedanken zu trauen, wie jeder erst durch den Erfolg zu erproben ist. Unter dem *unmittelbar* Seinkönnenden ist nichts anderes zu denken als das, was, um zu sein, schlechterdings nichts anderes voraussetzt als sich selbst, das, um zu sein, nichts bedarf, als zu *wollen*, dem zwischen Sein und Nichtsein nichts in der Mitte steht, als eben dieses Wollen.

Ich wiederhole diesen Anfang.

Die erste Forderung an den, der zur Philosophie angeleitet zu werden verlangt, ist, daß er sich über das vorhandene und schon bestehende Sein hinweg an die *Quelle* alles Seins versetze. Hierauf kann er nun, wie der Schüler im Faust, antworten:

> An dieser Quelle will ich gerne hangen,
> *Doch sagt mir nur, wie kann ich hingelangen?*

Nämlich wie soll ich es anstellen, diese Quelle des Seins selbst zu denken, meiner Vorstellung von ihr einen wirklichen Inhalt zu geben? Denn ich sehe wohl: alle diejenigen Begriffe, durch welche wir das schon *vorhandene* Sein *bestimmen*, müssen auf die Quelle des Seins unanwendbar sein. *Ein* Mittel zu ihrer Bestimmbarkeit ist jedoch gegeben. Denn obgleich vor und außer allem Sein gedacht, ist sie doch nicht ohne *Bezug* auf das Sein. Die Quelle des Seins ist zu bestimmen als das allerdings noch nicht Seiende, aber, das sein *wird*. Das nächste Verhältnis aber dieses noch nicht Seienden, das jedoch der Voraussetzung nach sein *wird*, zu dem Sein, ist: das Seinkönnende zu sein, wobei ich bitte, diesen Begriff nicht so zu denken, wie er von zufälligen Dingen gebraucht wird; es ist nicht ein abhängiges oder bedingtes, sondern das unbedingte Seinkönnende hier gemeint. »Das, was sein wird, ist das unmittelbar ohne alle Vermittlung sein Könnende« heißt: es bedarf, um in das Sein zu gelangen, nichts als des *bloßen Wollen*. Zu diesem Begriff des Wollens sind wir schon darum berechtigt, weil jedes Können eigentlich nur ein ruhender Wille ist, sowie jedes Wollen nur ein wirkend gewordenes. Können. Man unterscheidet in der Philosophie potentia und actus. Die Pflanze in statu potentiae – im Stande der bloßen Möglichkeit – ist der Keim; die sich entwickelnde, oder auch die schon entwickelte Pflanze ist die Pflanze in actu. Nun aber ist das Seinkönnende, von dem hier die Rede ist, nicht eine solche bedingte, es ist die unbedingte potentia existendi, es ist das, was unbedingt und ohne weitere Vermittlung a potentia ad actum übergehen kann. Nun kennen wir aber keinen andern Übergang a potentia ad actum als im Wollen. Der Wille an sich ist die Potenz *kat' exochên*, das Wollen der Aktus *kat'exochên*. Der Übergang a potentia ad actum ist überall nur Übergang vom Nichtwollen zum Wollen. Das unmittelbar Seinkönnende also ist dasjenige, was, um zu sein, nichts bedarf, als eben vom Nichtwollen zum Wollen überzugehen. Das Sein besteht ihm eben im *Wollen*; es ist in seinem Sein nichts *anderes* als *Wollen*. – Kein wirkliches Sein ist ohne ein wirkliches, wie immer näher modifiziertes, Wollen denkbar. Daß irgend etwas ist, also das *Sein* irgend eines Dings erkenne ich nur daran, daß es sich *behauptet*, daß es anderes von sich ausschließt, daß es jedem anderen, in es einzudringen oder es zu verdrängen Suchenden Widerstand entgegensetzt. Das absolut Widerstandlose nennen wir *Nichts*. Was *Etwas* ist, muß widerstehen. Das Wort Gegenstand selbst, mit dem wir das Reelle in unserer Erkenntnis bezeichnen, sagt eigentlich nichts als *Widerstand* oder ist ebensoviel als Widerstand. Widerstand aber liegt eigentlich bloß im Wollen, nur der Wille ist das eigentlich Widerstehende, und zwar das unbedingt Widerstandsfähige in der Welt, daher eigentlich das Unüberwindliche. Selbst Gott, darf man sagen, kann den Willen nicht anders als durch ihn selbst besiegen.

Die Unterschiede, die wir zwischen den Dingen wahrnehmen, bestehen nicht darin, wie es auf den ersten Blick scheinen könnte, daß einige *absolut* willenlos, andere dagegen mit Willen begabt oder wollend sind. Der Unterschied besteht nur in der *Art* des Wollens. Z.B. der sogenannte tute Körper will eigentlich nur *sich*, er ist von sich selbst gleichsam erschöpft und eben darum impotent nach außen, wenn er nicht exzitiert wird, er ist von sich gesättigt (so muß er also ein Leeres sein), von sich selbst erfüllt, daher er auch nichts weiter ist als eben der erfüllte Raum, d.h. die erfüllte Leere, das erfüllte Wollen, denn alles Wollen ist eigentlich eine Leere, ein Mangel, gleichsam ein Hunger; der tote Körper besteht durch ein bloß selbstisches, an sich selbst sich erschöpfendes und schon darum blindes Wollen. Der tote Körper hat genug an sich, und will nur *sich*. Das Tier, schon die lebendige Pflanze, der man ja einen Lichthunger zuschreibt, will etwas außer *sich*, der Mensch will etwas *über* sich. Das Tier ist durch sein Wollen außer sich gezogen, der Mensch im wahrhaft menschlichen Wollen über sich gehoben.

Der Unterschied zwischen dem bloß natürlichen Widerstand, den ein Körper dem auf ihn Eindringenden leistet, und den ein menschlicher Wille dem Zwang oder selbst den reizendsten Lockungen entgegensetzt, der Unterschied dieses Widerstandes ist nicht ein Unterschied der Kraft selbst; wie ließe sich dies denken? Die Kraft ist in beiden dasselbe, in beiden Wille, nur daß im bloß natürlichen Widerstand *blinder* Wille, im moralischen Widerstand freier, besonnener Wille ist, der ja übrigens da, wo die Kraft eines starken, ausgesprochenen Charakters hinzukommt, selbst die Natur eines gleichsam blinden annimmt, und mit derselben Sicherheit und Entschiedenheit wie ein blinder wirkt. – Also Wille ist überall und in der ganzen Natur von der tiefsten bis zur höchsten Stufe. *Wollen* ist die Grundlage aller Natur. Jenes ursprünglich Seinkönnende aber, dem der Übergang vom nicht Sein zum Sein nur ein Übergang vom nicht Wollen zum Wollen ist, kann in seinem Sein auch nichts anderes sein als eben ein aktiv gewordener, gleichsam *entzündeter* Wille. Nichtwollen ist ein *ruhendes*, Wollen ein *entzündetes* Feuer, wie wir selbst im gemeinen Leben von einem Feuer des Wollens, der Begierde reden. Das ursprüngliche Sein besteht daher bloß in einem entzündeten Wollen; überall, wo ein zuvor ruhendes, insofern bloß potentielles und unfühlbares Sein sich fühlbar macht, jede erste Seins-Entstehung, namentlich in der organischen Natur, ist Entzündung oder von Entzündung begleitet.

Alle diese Erläuterungen waren bloß nötig, um den Sinn und das ganze Gewicht jener eisten Bestimmung einzusehen, der Bestimmung: das, was vor dem Sein, ist oder *das, was sein wird* (dieses eigentlich noch völlig Unbestimmte, das wir eben erst zu bestimmen suchen), *ist das unmittelbar Seinkönnende*. Nachdem nun aber erklärt ist, was unter dem unmittelbar Seinkönnenden zu verstehen ist, läßt sich leicht einsehen (hiermit gehe ich zu einer neuen Bestimmung über), daß, auf diese Weise bestimmt, das, was vor dem Sein ist, nicht eigentlich ein zu *sein* oder *nicht* zu sein *Freies*, und also (da es bei ihm bloß um Sein und Nichtsein sich handelt) überhaupt kein freies sein könnte. Ich sage: wenn *das, was sein wird*, nichts *anderes* als das unmittelbar Seinkönnende ist, so kann es nicht das *frei* in das Sein sich Bewegende sein. Denn einer solchen unmittelbaren potentia existendi ist es vielmehr *natürlich* sich in das Sein zu erheben; sie hätte eigentlich gar keine *Wahl*, ins Sein überzugehen oder nicht überzugehen; sie wäre durch nichts vom Sein abgehalten oder abzuhalten, ja wir müßten uns wundern, sie nicht schon immer *übergegangen* zu finden; wir könnten sie eigentlich als *potentia* existendi, wir könnten sie eben darum als *das, was sein wird*, nicht festhalten, sie wäre schon immer Seiendes, und zwar, wie leicht einzusehen, *blind* Seiendes. Denn es ist einleuchtend, daß jener Wille, wenn er sich einmal erhoben, einmal entzündet hat, nicht mehr *sich selbst gleich* ist. Er ist nicht mehr, was sein und nicht sein *kann*, sondern was sein und nicht sein *konnte*. Ein größerer Umsturz läßt sich nicht denken. Alles, von dem wir sagen, daß es sein und nicht sein *konnte*, ist nur ein zufällig Seiendes, aber eben dem zufällig Seienden wird sein Sein zur Notwendigkeit, d.h. es ist das nicht mehr *nicht* sein Könnende, in diesem Sinn also das *notwendig* Seiende. Wie der Mensch ein anderer ist *vor der Tat*, gegen die er sich noch frei verhält, und nach vollbrachter Tat, wo diese für ihn selbst zur Notwendigkeit wird, sich gegen ihn umwendet und nun ihn sich unterwirft, so ist das unmittelbar Seinkönnende im Sein nicht mehr reines *Wesen* (Wesen ist eben das, was sich noch kein Sein zugezogen, was noch unbefangen ist mit dem Sein – frei gegen das Sein) – so also ist das unmittelbar Seinkönnende im Sein nicht mehr das vom Sein freie, Sein-lose Wesen, sondern es ist das mit dem Sein gleichsam Geschlagene und Behaftete, das außer sich, nämlich das außer seinem Können Gesetzte, das sich selbst gleichsam verloren hat und nicht mehr in sich selbst zurück kann, das außer sich Seiende in demselben Sinn, in welchem man von einem Menschen sagt, er sei außer *sich*, nämlich seiner selbst nicht mächtig, er habe sein Können verscherzt. Mit nichts (im Vorbeigehen zu sagen) soll der Mensch sparsamer sein als mit seinem Können, denn darin besteht seine wahre Kraft und Stärke, und was er als *Können* in sich bewährt, das eben ist sein unsterblicher, sein nicht zu verlierender Schatz, aus dem er schöpfen, aber den er nicht erschöpfen soll. Das unmittelbar Seinkönnende außer *sich*, d.h. außer seinem Können, gesetzt, ist also das seiner selbst Ohnmächtige, Besinnungslose, *to existamenon*, das durch eine falsche Ekstasis außer sich Gesetzte und in diesem schlechten Sinn Existierende.

Das unmittelbar Seinkönnende, inwiefern es dies ist, ist noch *Quelle* des Seins, hat es sich aber einmal in das Sein erhoben, so ist es zwar Seiendes, aber das aufgehört hat Quelle des Seins zu sein, und auch nicht wieder dahin zurück kann; es heißt hier: facilis descensus Averni; sed revocare gradum – das eben wäre ihm unmöglich. Es ist jetzt das nicht mehr *nicht* sein Könnende. Aber die *eigentliche* Freiheit besteht nicht im *sein-*, nicht im sich äußern- – sondern im nicht sein-, im sich nicht äußern-Können, wie man den Besonnenen mehr erkennt an dem, was er nicht tut, als an dem, was er tut. *Als* das, was es ist, als reines Seinkönnendes, könnte es sich im wirklichen Sein niemals habhaft werden. Es ist also immer nur das auf Kosten seiner selbst, d.h. mit Verlust seiner selbst, Seiende. Es ist auf eine Spitze gestellt, wo es sich gleichsam keinen Augenblick erhalten kann. Wir könnten also selbst *dies*, wovon wir ausgegangen sind, daß der Anfang das Seinkönnende ist, *daß* also das Seinkönnende *Ist*, selbst dieses Könnten wir nicht mit Entschiedenheit aussprechen. Das, was sein wird, *ist* das Seinkönnende und ist es auch nicht. Es *ist's* nämlich, wenn es sich nicht bewegt, nicht erhebt in das Sein, es ist's *nicht*, nämlich es ist's nicht so, daß es nicht auch das Gegenteil, das blindlings Seiende sein könnte. Wenn es aber Einmal kann, warum ist es nicht von jeher übergegangen, da es ihm *natürlich* ist sich in das Sein zu bewegen, wenn es nicht durch einen entgegengesetzten Willen davon abgehalten ist? Da es also *bloß*, oder *für sich*, oder absolut gesetzt, gar nicht festzuhalten ist, so würden wir es gar nicht mehr *als* Seinkönnendes antreffen, wir wurden es gleich nur finden im *Sein*, als ein Sein, das seinen eignen Anfang verschlungen, sich selbst als Wille, als Ursache vernichtet hätte – als Sein, dem wir eben darum selbst keinen Anfang wüßten.

Wenn wir also das, was sein wird, *als solches* denken, wenn wir es überhaupt *als* Seinkönnendes festhalten, setzen wollen (was zunächst unsere Absicht ist), so können wir es nicht *bloß* als das Seinkönnende denken, wir müssen aussprechen, daß es *mehr* ist als *nur dieses*. Indem wir sagten: das, was sein wird, oder das Wesen (denn das Wesen ist noch außer und über dem Sein) indem wir sagten: das Wesen ist unmittelbar das Seinkönnende, haben wir uns nicht anheischig gemacht, daß es nicht mehr als dieses sein soll. Nun entsteht aber die Frage, was es denn außerdem sein könnte; und davon jetzt!

Wir haben es also primo loco gesetzt als das *nur* Seinkönnende – in beiderlei Sinn, als nicht Seiendes und ferner als das nur übergehen Könnende – als solches hat es ein *unmittelbares* Verhältnis zum Sein. Ein solches *unmittelbares* Verhältnis kann nun aber nicht zum zweitenmal gesetzt werden. Sein nächstes Verhältnis zum Sein wird schon nur ein mittelbares sein können. Wenn es primo loco, d.h. in seinem unmittelbaren, unvermittelten Verhältnis zum Sein, das Seinkönnende ist, so wird es secundo loco nur als das *nicht* Seinkönnende zu bestimmen sein. Damit wird aber nichts gesagt sein, wenn wir es nicht sogar als das *Gegenteil* des Seinkönnenden bestimmen. Das Gegenteil des Seinkönnenden, welches in *so fern* das nicht *seiende* ist – das Gegenteil des Seinkönnenden ist aber das *rein Seiende*.

Um sich dieses ganz deutlich zu machen, überlegen *Sie* Folgendes.

Wir hatten das, was *vor* dem Sein ist, bestimmt als das Seinkönnende. Nun zeigte sich aber das Seinkönnende als das für sich nicht Festzuhaltende, als die eigentliche natura anceps. Eben darum gingen wir zu einer zweiten Bestimmung über. Der *Sinn* oder die Absicht unseres Übergangs war also, das Seinkönnende *als* Seinkönnendes festzuhalten, es vor dem Übertritt in das Sein zu bewahren. Wir wollen es *als* Seinkönnendes, heißt: wir wollen, daß es als potentia pura, als reines *Können*, als Können ohne *Sein* stehen bleibe. Dies kann es aber nur, wenn es zum Ersatz gleichsam des Seins, das es *annehmen*, sich *zuziehen* könnte, und das also ein bloß zugezogenes sein würde, wenn zum Ersatz dieses zufälligen Seins Es selbst auch an und für sich schon, d.h. ohne sein Zutun, das rein *Seiende* ist. Als das *bloß* Seinkönnende würde es vor allem Denken, oder, wie die deutsche Speiche vortrefflich sich ausdrückt, unvordenklicher Weise in das Sein übergehen; es kann also nicht *bloß* Seinkönnendes sein, oder es bleibt nur insofern als Seinkönnendes stehen, als es *in* diesem Stehenbleiben ebensowohl das *rein*, d.h. das unendliche, von keinem Können begrenzte *Seiende* ist. – Dies ist also ein neuer Punkt unserer Entwicklung, wobei ich nur noch eine Bemerkung über den Gang der Philosophie einstreuen will, daß nämlich jedes Moment dieser Bewegung erst vollkommen verstanden wird im Weggehen von demselben, ungefähr wie der Mensch einen früheren Moment seines Lebens besser begreift, wenn er ihn verlassen hat und in einen folgenden übergegangen ist, als in jenem Moment, weswegen man eben in der Philosophie, wo die rechte Idee nur sukzessiv erzeugt werden kann, das Ganze erwarten muß, um das Einzelne vollkommen zu verstehen.

Die erste Schwierigkeit nun, die *Sie* bei diesem Übergang finden müssen, wird unstreitig folgende sein. *Sie* werden mich fragen: *Wie* kann eben das, von dem wir annehmen, es sei vor und über dem Sein – oder wie kann eben das, von dem wir bisher gar nicht anders gesprochen haben, als von einem vor und *über* dem Sein zu Denkenden, wie kann eben dieses dennoch zugleich als das rein *Seiende* bestimmt werden? Hierauf will ich nun also Folgendes bemerken: nämlich 1. daß wir überhaupt nicht gemeint sein konnten, das, was vor und über dem Sein gedacht wird, darum als das überall *nicht* und auf keine *Weise* Seiende zu denken. Es ist nur gegen das später hervortretende Sein als nichts, in sich aber nicht nichts, es ist nur nicht indem Sinn, wie das, was nachher sein wird. Schon das Seinkönnende ist ja eben darum, weil es dies ist, nicht nichts, es ist das nicht actu Seiende, es ist nur das nicht *außer* sich, aber darum nicht das auch *in* sich nicht Seiende, es ist vielmehr gerade das *nur* in sich, das bloß urständlich, nicht gegenständlich Seiende. Es Ist, wie ein Wille ist, der sich noch nicht geäußert hat, der also nach außen auch = 0 ist, von dem daher niemand weiß, der niemand gegenständlich ist, also es Ist, wie der urständliche Wille, der Wille *vor* seiner Äußerung auch ist. Wir könnten für *diese* Art des Seins, zu großer Erleichterung des Verständnisses, wohl ein eignes Wort, anstatt des jetzt zu allen Arten des Seins promiscue angewendeten Worts Sein, brauchen, wenn nicht leider in der deutschen Sprache das alte Verbum *Wesen* außer Gebrauch gekommen wäre (es findet sich nur noch in der vergangenen Zeit – in der Form gewesen), wir könnten jenes ungegenständliche Sein, das darum nicht ein völliges *nicht* Sein, sondern eben nur das noch bloß urständliche ist, das rein *Wesende* nennen. Und so wäre dann dagegen das Sein dessen, was wir das *rein* Seiende nennen, das rein *seiende* Sein. Wie nun aber (und dies ist der zweite Punkt meiner Erläuterung), gleichwie, oder gerade ebenso, wie das *bloß* Seinkönnende, soweit es dies ist, gegen das *wirkliche* Sein als *nichts* ist – gerade ebenso ist auch das *rein* Seiende, in dem Sinn, wie wir es nehmen, gegen das actu Seiende als *nichts*, denn das *actu* Seiende ist kein *rein* Seiendes, eben weil es eben a potentia ad actum übergegangen ist. Es hat also an der Potenz eine Negation in sich – es ist nicht rein *positiv*, denn die Potenz, die ihm vorausging, ist die Negation des Seins, das es jetzt *hat*, diese Negation kann es aber nicht loswerden, es bleibt immer das aus negativ positiv gewordene, d.h. es hat das Negative zu seiner immerwährenden Voraussetzung. Dagegen das *rein* Seiende (in unserem Sinn) ist das positiv seiende, in dem gar nichts von einer Negation ist. Wenn nun das actu Seiende nicht das *rein* Seiende ist, so folgt, daß umgekehrt das *rein* Seiende *nicht* das *actu* Seiende ist – und daß es sich gegen das actu Seiende vielmehr ebenfalls *als* nichts, gerade so wie das bloß Seinkönnende verhält.

Da es wesentlich ist, daß dieser Begriff des *rein* Seienden gleichsam ganz durchsichtig sei, so will ich ihn noch von einer andern Seite darstellen.

Wir haben früher das bloß Seinkönnende verglichen mit einem noch ruhenden, d.h. nicht *wollenden* Willen. Der Wille, der nicht will, ist allerdings als *nichts*; insofern entsteht jedes Wollen, jede Begierde wie aus dem Nichts. Wenn eine Begierde in uns entsteht, so ist auf einmal ein Sein da, wo vorher keines war. Deswegen fühlen wir uns von einer Begierde bedrängt, denn sie nimmt einen Raum ein, der vorher frei war, in dem wir uns frei fühlten, und wir atmen gleichsam auf, wenn wir diese Begierde wieder loswerden. In dem Seinkönnenden liegt der

Keim einer Begierde, eines Wollens. Das Seinkönnende ist der *wollen* könnende Wille: als der bloß wollen *könnende* ist er also als nichts. Wenn nun der nur noch nicht *wollende*, aber wollen *könnende* Wille als nichts ist, so muß der *nicht* wollen könnende Wille noch mehr dem nichts gleich sein. Nun gerade dies ist das Verhältnis zwischen dem Seinkönnenden und dem rein Seienden. Das sein Könnende ist = dem wollen könnenden Willen, das *rein* Seiende ist = dem völlig willen- und begierdelosen, dem ganz gelassenen Willen, denn es hat das Sein nicht zu *wollen*, weil es das von selbst, d.h. das an und für sich, gleichsam *ohne* sich selbst Seiende ist. Das *rein* Seiende steht also sogar noch entfernter von dem wirklichen Sein als das Seinkönnende, welches gleichsam in der unmittelbaren Opportunität zu dem aktuellen Sein ist (um einen Ausdruck der Ärzte zu entlehnen); darum haben wir auch *zuerst* von dem Seinkönnenden und hernach erst von dem rein Seienden gesprochen, denn diese ganze Folge bestimmt sich nach der Nähe oder Entfernung von dem wirklichen Sein. Das Seinkönnende aber ist das Nächste, das *rein* Seiende ist das Entferntere vom Sein. Denn da in *diesem* keine Potenz ist so ist leicht einzusehen, daß es erst in statum potentiae *gesetzt* werden müßte, um a potentia ad actum überzugehen. Es setzt also, um *actu* sein zu können, etwas voraus, von dem es in statum potentiae gesetzt, d.h. von *dem* es in seinem Sein negiert wird. Es ist also auch nicht das *unmittelbar* sein Könnende, nämlich actu sein Könnende, das Seinkönnende selbst aber setzt nichts voraus, um actu zu sein, eben weil es *selbst* Potenz ist Wir hätten ebenso gut umgekehrt den Begriff des *rein* Seienden deduzieren können aus dem Begriff des bloß *mittelbar* sein Könnenden. Das, was sein wird, muß natürlich Einmal oder zuerst das unmittelbar sein Könnende sein. Wenn es aber nicht *bloß* das Seinkönnende ist, so kann es dann in der nächstfolgenden Bestimmung nicht wieder das unmittelbar, sondern nur das bloß mittelbar Seinkönnende sein. Was ist denn aber das *nur* mittelbar Seinkönnende? Antwort: das, in dem kein Können, keine Potenz, das also purus actus ist. *Dieses*, um a potentia ad actum überzugehen, also um wirklich zu sein, muß erst in potentiam gesetzt werden, da es von sich selbst nicht Potenz ist.

Bei Gelegenheit dieser Bestimmung kann nun aber eine Inzidentfrage entstehen, die zwar nicht jetzt gleich im vollständigen Zusammenhang sich beantworten läßt, die ich aber doch nicht zurückweisen wollte, weil sie doch den einen oder andern hätte bedenklich machen können.

Man könnte also fragen: wie ist es *möglich*, das, was sein wird, auf einer zweiten Stufe, als das *rein*, unendlich, gleichsam willenlos Wollende zu denken ? Die Schwierigkeit ist nämlich diese. Jedes Wollen, in welchem das Wollende *sich selbst* will, ist eo ipso schon nicht ohne einen Übergang a potentia ad actum zu zu denken, denn was *sich selbst* will, geht von sich selbst als bloße Potenz oder Möglichkeit zu sich selbst als Aktus. Das *rein* Wollende also, in dem *kein* solcher Übergang ist, kann eben darum nur dasjenige sein, das schlechterdings nicht *sich* will, also, da es doch ein *Wollendes* ist, ein anderes als sich will. Das *rein* Wollende *darf* nicht *sich* wollen, es muß ein absolut unselbstisches Wollen sein, sein Weg geht also von ihm selbst hinweg auf ein anderes. Woher nun aber dieses andere? Es ist leicht hierauf zu antworten.

Überlegen *Sie* Folgendes. Das, was sein wird, inwiefern es bloß das Seinkönnende, also das Nächste am Sein ist, dem also nichts weder im *Sein* noch in der *Möglichkeit* zum Sein zuvorkommt, hat insofern nichts *vor* sich – es fehlt ihm an der Supposition jedes Wollens, nämlich daß man etwas habe, das man wollen könne, es ist ganz *bloß* in diesem Betracht, und es erscheint insofern als die Armut, die Bedürftigkeit selbst, es kann also nur *sich* als *sich*, als *dieses* wollen, wenn es will, und darum ist ihm eigentlich bestimmt, *nicht* zu wollen, *reines* Können, Nichtwollen, bloßer Wille zu bleiben. Ganz anders aber verhält es sich mit eben demselben, nämlich mit dem, was sein wird, *inwiefern* es nicht das bloß Seinkönnende, sondern das *rein* Seiende ist. Denn als *dieses*, als das *rein* Seiende, hat es allerdings Sich *als* das bloß Seinkönnende vor sich, es hat also etwas, das es wollen kann, ohne sich als sich zu wollen. Man könnte nämlich freilich sagen: wenn es *Sich* als das Seinkönnende will, so will es ja doch auch sich selbst. Ganz richtig. Aber es will nicht Sich als Sich, es will nicht Sich als das *rein* Seiende (mit einem solchen auf sich selbst zurückgehenden Willen würde es sich selbst als rein seiendes verderben), – es will nicht Sich als das *rein* Seiende, sondern Sich als das Seinkönnende, und demnach als ein anderes. Ja es ist ihm *nur* eben *dadurch*, daß es Sich als das Seinkönnende *vor* sich hat, gegeben, das rein *Seiende* oder, was dasselbe ist, das rein *Wollende* zu sein, das im Wollen nicht Sich als Sich zu wollen braucht. Der Wille, der nichts *vor* sich hat, wenn er nicht reiner Wille bleibt, kann nur selbstisch sein. Das Unselbstische ist nicht primo loco zu denken. So viel also, um die etwa aufzuwerfende Frage vorläufig zu beantworten. Denn *wie* nun, oder auf welche Weise das, was sein wird, als das *rein* Seiende *sich* als das Seinkönnende will, dies werde ich erst in einer demnächst folgenden Erörterung vollkommen deutlich machen können. Vor jetzt war es hauptsächlich bloß darum zu tun, zu zeigen, daß das *rein* Seiende, oder im völlig parallelen Ausdruck, das rein und unendlich Wollende noch immer gegen das actu Seiende, actu Wollende sich als *Über*seiendes verhalte, daß es also kein Widerspruch sei, wenn wir sagen: das, was sein wird – eben dasjenige also, welches das Seinkönnende ist, *dasselbe* ist in einer zweiten Stufe der Betrachtung das rein Seiende.

Jetzt aber gehen wir zu andern Fragen über. Bis jetzt haben wir bloß diese Begriffe des Seinkönnenden und des *rein* Seienden und ihr Verhältnis zueinander erörtert. Ich weiß wohl, daß diese Erörterung besonders für den, der zuerst zur Philosophie kommt, oder auch vielleicht die Denk- und Redeweise einer ganz anderen Philosophie gewohnt ist, nicht leicht zu verstehen ist, und daß eine solche nicht eigentlich fortschreitende, sondern bei Begriffsbestimmungen sich verweilende Erörterung überhaupt nichts Anziehendes hat. Denn ihr Anziehendes erhält jede eigentlich erst durch die Folge, indem man sieht, wozu diese Begriffe gebraucht werden, wohin sie führen, und eine Entwicklung insbesondere, die ihren Gegenstand als einen *zukünftigen* behandelt, die gleich nur von dem ausgeht, was sein wird (was also soweit noch bloß im *Begriff* vorhanden ist, denn das Wort Begriff wird zwar sehr mannigfaltig, d.h. sehr konfus, gebraucht – aber hat etwas Eigentümliches, unter anderem z.B. dem Wissen oder der Erkenntnis Entgegengesetztes, kurz der Begriff als Begriff ist nur der Begriff des noch nicht Seienden, des Zukünftigen. – »Das, was sein wird«, ist also der Begriff par excellence, und die bisher entwickelten Bestimmungen sind nur Bestimmungen dieses Begriffs *kat' exochên*, d.h. sie sind selbst die *Begriffe* par excellence, und außer denen es keine anderen gibt – doch *davon* wird später ausführlich die Rede sein –), aber eine Entwicklung, die in *diesem* Sinn vom Begriff ausgeht, also dem bloß Zukünftigen, jetzt noch nicht Seienden zusteuert, wird besonders schwer gefunden, weil der Lernende sich vorkommt, als würde er gleichsam im Dunkel geführt, in dem er nicht sieht, wo die Sache hinaus will – und das ist doch, sagt man, ein billiges und gerechtes Verlangen, daß man, um sich Mühe zu geben, erst wisse, wohin der Weg führe. Allein, meine Herrn, teils soll man eben an den Begriffen und deren Bestimmungen selbst sich erfreuen lernen, dadurch erst zeigt einer, daß er Geschmack an der Philosophie hat, daß ihn die Erörterung der Begriffe *an sich* interessiert, auch wenn er noch nicht weiß, wozu sie dienen oder wohin sie führen, teils muß man die Ungeduld, die gern gleich das Ziel sehen möchte, zu mäßigen wissen; schon Aristoteles sagt: der Lernende muß glauben, d.h. nicht er muß immerfort und gleichsam ewig nur glauben, aber er muß glauben, solange er noch der Lernende ist, d.h. bis er vollständig unterrichtet ist, bis das Ziel mit ihm erreicht ist. Glauben *Sie* nur auch – vertrauen *Sie* auf den Erfolg, ich werde die Idee, um die es zu tun ist (der erreichte Gegenstand des Begriffs ist die Idee), ich werde nicht ablassen, ehe ich *Ihnen* diese Idee vollkommen deutlich gemacht habe. Dazu müssen *Sie* mir aber Zeit gönnen, – mir zugeben, daß ich nicht sprungweise, sondern nur Schritt vor Schritt gehe.

Jetzt aber sind wir an einen Punkt gekommen, wo unsere Erörterung allmählich aus dem dichten Wald in eine freiere, offene Gegend hervortritt. Zwei Fragen stehen nun zunächst vor uns. Ich wiederhole zuerst den Satz, bei dem wir noch immer stehen. Eben das oder *dasselbe*, was seiner ersten Bestimmtheit nach das Seinkönnende ist, ist in einem zweiten Begriff oder in einer zweiten *Bestimmung* jenes absoluten Begriffs das rein Seiende. Bis jetzt habe ich nur die zwei Extreme dieses Satzes, wie man sich in der Logik ausdrückt, d.h. die beiden in ihm verbundenen Begriffe – den Begriff des Seinkönnenden und den des rein Seienden erklärt. Jetzt wird es darauf ankommen, die Verknüpfung, die copula selbst, die *Art* der hier behaupteten Identität zu erklären. Wenn ich sage, dasselbe, was das Seinkönnende, dasselbe ist auch, wiewohl diverso respectu, in einem andern Anblick, *ist* eben dieses auch das rein Seiende: – was bedeutet hier dieses *ist*? Indem ich sage, *dasselbe*, was das Seinkönnende, (dasselbe, wiewohl nicht *als* dasselbe) ist auch das rein Seiende, so drücke ich hiermit eine Identität aus *zwischen* dem unmittelbar Seinkönnenden und dem rein Seienden. *Wie* ist diese Identität zu verstehen? Denn bekanntlich gibt es sehr verschiedene Arten, sich eine Identität zwischen zwei übrigens voneinander Unterschiedenen zu denken. Mit der Beantwortung dieser Frage wird es schon um vieles lichter werden. Dann werden wir zur zweiten Frage schreiten können, zu der Frage: was denn nun eigentlich mit diesem Fortgang von dem Seinkönnenden zu dem rein Seienden gewonnen sei; und von da werden nur noch wenige Schritte sein – zu der Idee selbst.

Um nun also gleich zu der ersten Frage überzugehen, wie ist in dem Satz: das Seinkönnende *ist* auch das rein Seiende, dieses *ist*, wie ist die hier behauptete Identität zu verstehen? Denn allerdings könnte die Verknüpfung auf verschiedene Weise gedacht werden. Z.B. so, daß *das, was sein wird* – dieses Subjekt eines noch zukünftigen Seins, wie wir es auch nennen können, daß dieses Subjekt *zweimal* gesetzt wäre, einmal als Seinkönnendes, das andere Mal als rein *Seiendes*, so daß diese zwei Gestalten seines Wesens zwar sich gegenseitig ergänzten (das Seinkönnende z.B. nicht festzuhalten wäre ohne das rein Seiende), aber daß sie – *außer*einander wären. Aber so ist es durchaus nicht gemeint. Die Identität muß vielmehr im *strengsten* Sinn genommen werden, als *substantielle* Identität. Die Meinung ist nicht, daß das Seinkönnende und das rein Seiende, jedes als ein für *sich* Seiendes, d.h. jedes als Substanz, gedacht werde (denn Substanz ist, was für *sich* selbst außer einem andern besteht). Sie sind nicht selbst Substanz, sondern nur Bestimmungen des Einen Überwirklichen. Die Meinung ist also nicht, daß das Seinkönnende *außer* dem rein Seienden sei, sondern die Meinung ist, daß eben dasselbe, d.h. eben dieselbe Substanz, in ihrer Einheit, und ohne darum zwei zu werden, das Seinkönnende und das rein Seiende sei. Wir setzen nicht 1+1, sondern wir setzen immer nur Eins, aber dieses Eine, das darum, weil es das Seinkönnende und ebensowohl auch das Seiende ist, nicht aufhört Eines zu sein, dieses Eine ist eben *in* seiner Einheit das Seinkönnende *und* das rein Seiende, also gewissermaßen das Gegenteil seiner selbst. Nun werden *Sie* aber fragen, wie es möglich sei, daß die zwei nicht außereinander seien, d.h. daß sie sich nicht ausschließen. Es liegt mir also ob zu zeigen, daß sie des Gegensatzes unerachtet sich doch in der Tat *nicht* ausschließen.

Ich habe schon bemerkt, daß diese Bestimmungen dessen, was sein *wird*, und das insofern vor und über dem Sein ist, daß diese Bestimmungen sich gleichwohl nur auf das künftige Sein beziehen. Können wir nun zeigen, daß sie sich zu dem künftigen, d.h. zu dem wirklichen Sein, ganz gleich verhalten, so haben wir eben damit gezeigt, daß sie auch einander gleich sind und sich *nicht* ausschließen. Nun haben wir aber das Erste im Grunde schon gezeigt. Wir haben gezeigt, daß nicht bloß das *nur* Seinkönnende, sondern ganz ebenso auch das rein *Seiende* gegen das *künftige* Seiende sich als nichts verhalten. Nun schließt aber wohl ein Etwas das andere Etwas von sich aus, aber was selbst nichts ist, kann auch von nichts anderem ausgeschlossen werden. Schon hieraus also erhellt die gegenseitige Nichtausschließlichkeit jener beiden Begriffe, und daß das bloß sein Könnende und das rein Seiende nur Bestimmungen Eines und desselben, nicht aber zwei für sich selbst Seiende sind.

Um jedoch diesen abstrakten Beweis anschaulicher zu machen, wollen wir ihn noch von einigen Seiten weiter ausführen.

Ich habe schon gezeigt, daß wir das Seinkönnende, sofern es bloß dieses ist, also nicht ins wirkliche Sein übergeht, als den *nicht wollenden Willen* bestimmen können – das rein Seiende dagegen als das rein und bloß, als das gleichsam willenlos Wollende, als Wollen, dem kein Wille vorhergeht. Nun habe ich aber zugleich gezeigt, daß das *rein* und gleichsam unendlich *Wollende* ebensowenig *eigentlich* will, nämlich ebensowenig von Nichtwollen zu Wollen übergeht, als das nicht Wollende. Das unendlich *Wollende* ist daher wie das nicht Wollende. Das Gemeinschaftliche beider ist, nicht a potentia ad actum, von Nichtwollen zu Wollen überzugehen. Der nicht wollende Wille ist bloße Potenz, und geht insofern nicht zum Aktus über, der *bloß* und unendlich wollende ist *bloßer* Aktus, und geht insofern auch nicht von Potenz zu Aktus über, und wenn wir die Wirklichkeit überall nur da, wo ein solcher Übergang stattfindet, empfinden und erkennen, so ist das Seinkönnende und das rein Seiende eine völlig gleiche Überwirklichkeit, und wegen dieser völlig gleichen Lauterkeit schließen sie sich auch untereinander nicht aus. Ich bediente mich hier des Ausdrucks Lauterkeit, gewissermaßen als gleichbedeutend mit Überwirklichkeit. Ich will diese Gelegenheit benutzen, an etwas zu erinnern, was *Ihnen* den ganzen gegenwärtigen Standpunkt deutlich zu machen dienen kann.

Alle Unlauterkeit (und jeder von uns fühlt in allem endlichen Sein etwas Unlauteres, d.h. etwas Gemischtes und Getrübtes), *alle* Unlauterkeit aber kommt nur davon, daß in das, was bloß Potenz sein sollte, Aktus, oder in das, was bloß Aktus (purus actus) sein sollte, etwas von Potenz (von *Nicht*aktus, von *nicht* Sein) gesetzt ist. In diesem Fall werden Aktus und Potenz gegenseitig voneinander beschränkt und getrübt, wo aber jedes in seiner Reinheit, da ist auf beiden Seiten *gleiche* Unendlichkeit und völlig gleiche Lauterkeit. Alles, was *ein* Seiendes ist, ist ein aus Potenz und Aktus, aus Sein und nicht Sein Gemischtes, es ist weder rein Potenz, noch rein Aktus, sondern beides zugleich, und zwar ist jedes Seiende beides zugleich in einer *andern* Weise. Darum schließt das eine Seiende das andere aus, aber weder das rein Seinkönnende, das lautere Potenz, noch das rein Seiende, das lauterer Aktus, ist *ein* Seiendes. Vgl. Einleitung in die Philosophie der Mythologie [oben S. 646]. A. d. O. Also schließen sich diese nicht aus. Eben diese Nichtausschließlichkeit zu zeigen, war die Absicht des zuletzt Vorgetragenen. Weil dies aber ein höchst wesentlicher Punkt ist, will ich das Nämliche *noch* von einer andern Seite darstellen.

Wir haben *das, was sein wird,* zuerst bestimmt als das sich in sich selbst zum Sein erheben, oder, wie wir auch sagten, sich zum Sein *entzünden* Könnende, also überhaupt als das sich *erheben* Könnende. (Denken *Sie's* nur in dem Sinn des Ausspruchs: »Wer sich selbst erhöhet, der wird erniedriget werden«.) Das *rein* Seiende ist das sich nicht in actum erheben Könnende, weil es schon Aktus ist. Aber das bloß sich erheben *Könnende* und das sich *nicht* erheben Könnende = 1 (sie können also in einer und derselben Substanz gedacht werden). Wir können auch sagen: das unmittelbar Seinkönnende ist das *nur selbstisch* sein Könnende. Nun aber das selbstisch bloß sein Könnende, nicht *Seiende,* ist wie das Unselbstische. Dies muß *Ihnen* klar sein. Also das selbstisch bloß sein *Könnende* schließt das Unselbstische nicht von sich aus. Bis dahin ist ja in beiden eine völlig gleiche Selbstlosigkeit. Das, was selbstisch nur sein könnte, ist soweit noch in gleicher Unselbstigkeit wie das seiner Natur nach Unselbstische – das gar nicht selbstisch sein *Könnende.* Beide *werden* sich erst *ungleich,* wenn jenes in das wirkliche Sein übergeht, solange es in statu merae potentiae bleibt, ist es, was das andere. Beide sind also auch nicht außereinander, sondern das selbstisch sein Könnende ist *in* dem seiner Natur nach Unselbstischen ohne alle Störung und ohne alle erkennbare Differenz. Als das rein *Seiende* ist das Wesen der von sich weggehende, *nicht* sich selbst wollende Wille, der Wille, der sich seiner selbst nicht annimmt oder der *nicht* das Seine sucht, der eben darum auch als *unvermögend* erscheint, wie ein Mensch, dessen Wesen lautere Liebe, reines, sich selbst nicht versagen könnendes Wohlwollen wäre, wie ein solcher in einer widerspruchsvollen Welt notwendig als unkräftig und gleichsam widerstandlos erscheinen würde. Wir haben das rein Seiende erklärt als das rein oder *unendlich* Wollende. Aber relativ auf sich selbst ist dieses unendlich Wollende auch ein *nicht* Wollendes, denn es will ja nicht *sich selbst,* relativ auf sich selbst ist es also dem nur *nicht* Wollenden, dem bloß wollen *Könnenden,* d.h. also das rein Seiende ist dem Seinkönnenden gleich. Das *rein* Wollende ist als nichts, eben weil es sich seiner selbst nicht annimmt, sich selbst nicht gelten macht, aber das sich selbst bloß wollen *Könnende* ist auch als nichts, inwiefern es sich nicht wirklich will. Das *rein* Seiende ist eben darum, weil es dies ist, das zu sein Unvermögende; sollte *es sein,* nämlich *actu* sein, so müßte es erst ex actu in non actum, in potentiam, d.h. in sich selbst zurücktreten. Dies vermag es aber *von sich selbst* nicht. Es kann nicht von sich selbst Nichtaktus werden. Dazu bedarf es eines Widerstandes. Wenn aber auch das rein Seiende sich als das von sich selbst zu sein Unvermögende verhält, so ist es doch von dem bloß sein *Könnenden* nicht zu unterscheiden, denn das bloß sein *Könnende* ist wie das *nicht* sein Könnende. Wenn also *dasselbe* das Seinkönnende ist und auch das rein Seiende, so ist es diese nicht mit gegenseitiger Ausschließung, so daß diese untereinander sich ausschlössen, sondern es ist das eine und das andere in substantieller Identität. Es ist Zweiheit in der Einheit, d.h. es ist zwei, und ist doch dabei substantiell nur Eins, und es ist Einheit in der Zweiheit, d.h. es ist substantiell nur Eins, ohne darum weniger zwei zu sein. Die Zweiheit ist nicht außer der Einheit und die Einheit nicht außer der Zweiheit. Das stillste und das tiefste Meer ist auch das am meisten sich empören könnende, aber das stille und das sich empören könnende sind nicht zwei Meere, sondern nur ein und dasselbe Meer. Der gesundeste Mensch trägt die Möglichkeit der Krankheit in sich, aber der gesunde Mensch und der krank sein könnende Mensch sind nicht zwei verschiedene Menschen, sondern nur ein und der nämliche Mensch, der eine schließt den andern nicht aus. Ganz ebenso demnach sind das Seinkönnende und das rein Seiende nicht zwei verschiedene Subjekte, sondern nur Ein Subjekt; das eine ist nicht das andere, und dennoch ist das eine, *was* das andere ist, nämlich dieselbe Substanz. Das Seinkönnende als solches ist nicht das *rein Seiende*, und das rein Seiende nicht das Seinkönnende, und dennoch ist das eine, *was* das andere, jedes nämlich ist dieselbe Substanz. – Hauptresultat: Die *Identität*, welche wir zwischen dem Seinkönnenden und dem rein Seienden setzen, ist nicht von der Art derjenigen Einheit oder Verknüpfung, die zwischen Elementen stattfindet, die *Teile* eines und desselben Ganzen sind; denn das, was sein wird, ist nicht einem Teile nach das Seinkönnende und einem andern Teile nach das rein Seiende, sondern das ganze Subjekt oder die ganze Substanz ist das Seinkönnende, und dieselbe ganze Substanz ist das rein Seiende, wie derselbe ganze Mensch der krank sein Könnende und der gesund Seiende ist; umgekehrt also: das Seinkönnende ist nicht ein Teil von dem Ganzen, sondern es ist selbst das Ganze, und ebenso ist das rein Seiende nicht ein Teil von dem Ganzen, sondern selbst das Ganze.

Es kann *Ihnen* nun freilich nicht auf der Stelle vollkommen klar sein, aber *Sie* müssen doch fühlen, wie sehr durch diese letzte Bestimmung der Stand unserer ganzen Untersuchung sich verändert hat, indem wir nun nicht mehr das Seinkönnende und das rein Seiende zum Gegenstand haben, sondern das Eine, welches ganz das eine und ganz auch das andere ist. Offenbar sind wir durch diese Bestimmung auf einen höheren Standpunkt gehoben, wir haben etwas anderes vor uns als bisher. Hier nun also ist die Frage an ihrer Stelle: was mit diesem Fortgang von dem Seinkönnenden zu dem rein Seienden gewonnen sei.

Ich will auf diese Frage erst aus einem allgemeinen Gesichtspunkt und dann spezieller antworten.

Elfte Vorlesung

Es liegt sehr nahe, zunächst folgende Reflexion zu machen. Die verschiedenen Seienden oder, wie wir gewöhnlich sagen, die verschiedenen Dinge unterscheiden sich voneinander nicht durch das Sein selbst, an dem sie alle teilhaben, sondern nur durch die *Art* des Seins, was sich denn auch vollkommen einleuchtend machen läßt. Hieraus kann man dann durch einen umgekehrten Schluß herausbringen, daß *das* Seiende überall und in allen Dingen *dasselbe* und durchaus sich gleiche ist. Das ist nun der höchste Begriff, der auf diesem Wege liegt, und, wie schon Platon sagt, die unerfahrene Jugend insbesondere freut sich zuerst ausnehmend, wenn sie auf diesen Begriff des überall Einen gekommen ist, mit dem alle Unterschiede für sie verschwinden, sie betrachtet ihn als einen Schatz, an dem sie gleichsam wunder was zu besitzen meint, bis sie endlich durch die Folge erfährt, daß mit diesem Begriff schlechterdings nichts anzufangen ist, daß es kein Mittel gibt, von ihm hinweg – oder mit ihm weiter zu kommen, daß man sich mit ihm immer nur auf demselben Punkt herumdreht und zuletzt gleichsam schwindlicht wird, wie denn Aristoteles schon von der eleatischen Einheit (und eben jener Begriff des in allem sich selbst Gleichen, des Seienden, das in allem ein und dasselbe ist, bildet eigentlich das Prinzip des Parmenides und, wenn auch unter verschiedenen Modifikationen, der ganzen eleatischen Schule), von diesem also, oder vielmehr von der eleatischen Einheit, sagt schon Aristoteles, daß sie nur Schwindel errege und durchaus keine Hilfe gewähre, d.h. zu keinem wirklichen Wissen zu leiten vermöge. Dieser unfruchtbare Begriff des Parmenides, zu dem jeder Anfangende Neigung empfindet, wird nun aber gleich gänzlich beseitigt, wenn man zu der Einsicht gelangt ist, daß das Seiende unmittelbar oder prima determinatione nur das Seinkönnende sein kann, also schon nur eine *Art* des Seins, nicht das öde und wüste Sein, mit dem nichts anzufangen ist, so wie denn eben damit der tote Begriff des Seienden sich in einen lebendigen, ein Fortschreiten möglich machenden verwandelt. Parmenides kann dies schlechterdings nicht abweisen, daß das Seiende unmittelbar nur Seinkönnendes zu sein vermag; dadurch aber hat es schon aufgehört das leere absolute Eine zu sein. Auch Platon legt darum ein so großes Gewicht auf den Begriff des nicht Seienden, der selbst erst durch unsern Begriff des Seinkönnenden seine ganze Bedeutung erhält. Das Seinkönnende nämlich ist nicht nur als solches, inwiefern es dieses ist, das nicht *Seiende*, sondern es ist auch in das *wirkliche* Sein hervorgetreten (*wenn* es sich in das Sein erhebt), auch dann ist es das nicht *Seiende*, denn es ist das an sich nicht zum Sein Bestimmte, das nicht sein Sollende, und erscheint also auch dann, wenn es Ist, stets nur als das zu Negierende, nicht aber als das zu Setzende. Damit wird also gleich anfänglich jene, alle Unterscheidung, aber eben darum die Wissenschaft selbst vertilgende Einheit gebrochen. Denn bei dem als das Seinkönnende bestimmten Seienden ist nun schlechterdings nicht stehen zu bleiben, wie ich hinlänglich gezeigt habe, indem ich den Übergang von demselben zu dem rein *Seienden* vermittelte. Ich werde auf dieses Verhältnis unserer Entwicklung zu der abstrakten Einheit: des Parmenides und der eleatischen Schule später noch zurückkommen. Ich habe durch diese Erwähnung vor jetzt nur aus dem allgemeinsten Gesichtspunkt darstellen wollen, was mit der von uns festgestellten Zweiheit (die übrigens eine Zweiheit in der Einheit ist) gewonnen sei. Jetzt habe ich aber noch insbesondere und

2. zu zeigen, was für das Verhältnis oder für die Bestimmung des Seinkönnenden selbst gewonnen ist, indem wir sagen: eben das, welches *unmittelbar* das Seinkönnende ist, ist zufolge einer zweiten Bestimmung das rein Seiende. Der Erörterung dieser Frage will ich zu besserem Verständnis noch Folgendes vorausschicken. – Jene reine potentia existendi für sich gesetzt ist immer zuerst, wenn auch nur für einen Augenblick, zu denken im völligen Nichtwollen, und eben darum auch im Nicht *wissen* ihrer selbst. Denn wenn sie sich ihrer selbst annimmt, sich selbst will (und um sich zu wissen, müßte sie sich selbst *wollen* – sich sich selbst gegenständlich machen, was ohne ein Wollen nicht denkbar ist), sowie sie sich selbst wollte, hörte sie auf potentia pura zu sein, und würde ein Anderes, sich selbst Ungleiches; der für sich selbst gesetzten bliebe also nichts übrig, als entweder im sich nicht Wissen zu bleiben, oder sich selbst zu verlieren. Sie wäre wie gewisse menschliche Eigenschaften, die auch nur im sich selbst nicht *Wissen*

bestehen. So hört die Unschuld auf Unschuld zu sein, wenn sie sich als Unschuld weiß, ebenso wie die Anmut, die Anmut sein will, nicht mehr Anmut ist, und nichts in der ganzen Welt z.B. ist widerwärtiger als eine affektierte Naivität. Aber gerade weil wir sie als nackte, bloße potentia existendi bestimmen müßten, könnte sie sich nicht als solche enthalten oder erhalten, denn jede unbedingte, durch nichts zurückgehaltene Potenz will von selbst oder naturâ suâ Aktus sein. Sie wäre also, wie gezeigt, als Potenz nicht festzuhalten. Aber wir haben jetzt nicht mehr mit dem Seinkönnenden und nicht mehr mit dem rein Seienden zu tun, sondern mit dem Einen, das ganz und also völlig ungeteilterweise jenes und dieses ist. Dieses Eine also – dadurch, daß es das rein *Seiende* ist – dadurch bekommt es *sich* als Seinkönnen in seine Gewalt, und befreit sich von dem Können als blindlings und unaufhaltsam in das Sein Vorstrebendem. Denn die *Natur* des Seinkönnenden ist, über sich selbst hinauszugehen; es ist die *zweideutige Natur*, oder was sich nicht festhalten läßt, das Unbestimmte und über seine Grenzen Hinausschweifende, weil es als das Seinkönnende ebensowohl auch das Gegenteil von sich selbst ist, nämlich das nicht nicht sein Könnende, das blindlings ins Sein Übergehende. Es wäre im *wirklichen* Sein das außer aller Grenze gesetzte Sein (die Grenze = Negation des Seins ist eben das Können) – *außer* dem Können gesetzt, ist es das von nichts mehr Gehaltene, Schrankenlose, das platonische *apeiron*. Aber es ist ein *apeiron* ebensowohl auch vor dem Sein, auch hier das nicht sich selbst begrenzen Könnende, das von sich selbst Unbegrenzte, das nur durch ein anderes begrenzt und in den Schranken des Könnens erhalten werden kann. Es ist das von *sich selbst* Unbegrenzte: insofern der größte Gegensatz der Philosophie, der besonnenen und daher durchaus auf Begrenztes und Festes gehenden Wissenschaft. Wenn es also das *durch sich selbst* nicht Begrenzte ist, so folgt um so mehr, daß es durch ein anderes begrenzt sein müßte. Quod non continere potest se ipsum, debet contineri ab alio; was nicht usw. Das Seinkönnende ist nicht se contentum, nicht das von sich selbst Enthaltene, von sich selbst Begnügte. Vgl. Philosophie der Mythologie, II, II, 50. A. d. O. Darum ist es auch für die Folge, *inwiefern es nämlich* **für sich** *hervortritt* und mit dem es Begütigenden in Spannung tritt, die Quelle alles Unwillens und Mißvergnügens – auch in dieser Hinsicht das *Sinistre*. Doch dies im Vorbeigehen! Eben weil das von sich selbst Unbegrenzte, muß es durch ein anderes begrenzt sein; dieses andere kann der Ordnung der Begriffe nach nicht wieder das unmittelbar, sondern nur das *mittelbar* Seinkönnende sein. Aus dem Begriff des bloß mittelbar Seinkönnenden läßt sich aber, wie ich gezeigt, der Begriff des rein Seienden herleiten. Also das Begrenzende des von sich selbst unbegrenzten Seinkönnenden wäre das rein Seiende. Aber dieses Seiende darf nicht *außer* dem Seinkönnenden, oder *so* gedacht werden, daß es das Seinkönnende als ein *anderes* von *sich* begrenzte, sondern eben das, was das Seinkönnende, ist auch das rein Seiende. Demnach ist es eigentlich nicht das rein Seiende, wovon das Seinkönnende begrenzt wird, sondern es ist jenes Eine und Selbe, das, inwiefern es das Seinkönnende ist, von sich selbst, sofern es das rein Seiende ist, begrenzt und in den Schranken des Könnens, des Nichtwollens erhalten wird. Hiermit erhebt sich uns also jenes Eine unmittelbar zum *sich selbst Besitzenden*, das sich selbst in seiner Gewalt hat, was es schlechterdings nicht sein könnte, wenn es nicht in seiner Einheit zugleich ein Doppeltes wäre. Deswegen ist z.B. das Eine des Parmenides, das nur ein unmittelbar oder substantiell Eines ist, auch an sich selbst das blinde, und ebenso ist auch jedes andere Prinzip, das sich von dem des Parmenides etwa *dadurch* unterscheidet, daß es eine Nötigung zum Fortgehen in sich hat (wiewohl dies eigentlich immer nur von dem Seinkönnenden gesagt werden kann), auch jedes solche Prinzip, wenn es nicht zugleich etwas in sich hat, das diesem Fortgehen widersteht, kann nur ein blindes Prinzip sein, das auch nur einer notwendigen, nicht einer freien Bewegung fähig ist. Durch jenen Fortgang von dem Seinkönnenden zu dem rein Seienden und durch die zwischen beiden gesetzte Identität haben wir also gewonnen, daß das Eine als das Seinkönnende sich selbst als das rein Seiende in seiner Gewalt hat. Wir können statt dessen auch sagen, das Eine als das rein Seiende hat sich selbst als das Seinkönnende zu seiner Grundlage, zu seinem Subjekt, dieses Wort im eigentlichen Sinn genommen – pro eo quod subjectum est alii.

Indem es aber sich als das Seinkönnende als Subjekt, d.h. als Grund von sich selbst als dem rein Seienden, setzt, macht es eben damit auch sich als das Seinkönnende zur *Potenz* von *Sich* als dem rein Seienden, so daß es aufhört die Potenz, die Möglichkeit von sich selbst, d.h. seines eignen Seins, zu sein. Das Seinkönnende absolut gesetzt, könnte allerdings nur die Möglichkeit seiner selbst oder seines eignen Seins – es könnte nur das im *transitiven* Sinn Seinkönnende sein. *Insofern* wäre es schon als Seinkönnendes außer sich – außer sein Wesen gleichsam gezogen. Aber indem das Eine es zum Subjekt, d.h. zum Können, zur Möglichkeit von Sich als dem rein Seienden macht, wird das Seinkönnende eben dadurch von *sich* als seiner eignen Möglichkeit oder als Möglichkeit *seines eignen Seins* abgezogen und entbunden; *indem* es als Möglichkeit eines andern Seins gesetzt wird, hört es auf die Möglichkeit des eignen zu sein.

Ich behandle hier den Begriff Subjekt und den Begriff Potenz oder Möglichkeit als völlig *gleichgeltende*. Die wirkliche Einerleiheit beider Begriffe wird aus folgender kurzen Überlegung einleuchten. – Was in irgend einem Verhältnis das bloße *Subjekt* ist, ist eben darum das in diesem Verhältnis nicht selbst sein Sollende. Das nicht *selbst* Seiende aber, das darum doch nicht nichts ist, kann nur als die Potenz oder Möglichkeit von einem andern sein. Das Seinkönnende soll nicht mehr das Subjekt oder, wie wir auch sagen können, die Voraussetzung seiner selbst (seines eignen Seins), es soll die Voraussetzung (das Subjekt) des Seienden sein. In diesem Fall ist es gleichsam selbst nicht mehr. *Es selbst*, es verschwindet ganz als für sich Seiendes, und wenn wir es daher jetzt aussprechen wollen, müssen wir sagen: das Seinkönnende ist nicht das Seinkönnende, sondern es *ist* das rein Seiende. Denn dieses ist, wie ich schon in einer früheren Entwicklung gezeigt habe, Vgl. Philosophie der Mythologie, II, II, 53. A. d. O. der Sinn des Ist (der Copula) in jedem wirklich etwas aussprechenden (nicht tautologischen) Satz. A *ist* B heißt: A ist Subjekt von B. Darin liegt zweierlei: 1. A ist für *sich* etwas, auch ohne B, es könnte also auch etwas anderes sein als B; nur sofern es auch eines Seins für *sich*, und also auch des nicht = B seins, fähig ist, sagen wir cum emphasi: es ist B. Z.B. *diese* Pflanze macht sich mir sichtbar oder fühlbar am Ende nur dadurch, daß sie Materie ist, denn ohne Materie gibt es weder Farbe noch Geruch noch etwas Palpables. Indem ich also sage: das, was ich hier sehe, ist z.B. ein Geranium, so ist das Subjekt der Aussage eigentlich die Materie der Pflanze. Diese Materie ist nun *etwas* auch ohne die Pflanze, die Pflanze kann zerstört werden und die Materie bleibt, die Materie ist gegen die Form gleichgültig, sie ist in ihrer Art auch ein *apeiron*, d.h. sie ist an sich fähig, auch nicht *diese* Pflanze, sondern eine andere, oder überhaupt keine Pflanze zu sein. Nur darum kann ich cum emphasi sagen: sie *ist* diese und keine andere Pflanze. In der Aussage: A ist B, oder A ist *Subjekt* von B, liegt also: 1. A könnte auch etwas anderes sein oder ist des nicht Bseins fähig. Aber 2. eben darum, weil es auch etwas anderes sein könnte als B, so macht es dieses sein – ein »Anderes- sein-Können« gegen B zur bloßen Potenz oder Möglichkeit von B, und nur so oder nur auf *diese* Weise *ist* es B.

In der arabischen Sprache wird das Ist (der Copula) durch ein Wort ausgedrückt, das ganz unser deutsches Kann (Können) ist. Dies erhellt daraus, daß eben dieses Wort in den verwandten Dialekten der arabischen Sprache zugleich die Bedeutung des Subjekts, der Grundlage, des Begründenden, Feststellenden hat. Ferner erklärt sich nur aus dieser Bedeutung, daß im Widerspruch mit allen wenigstens mir bekannten Sprachen, in welchen das Verbum sum den Nominativ nach sich hat, die Araber allein es mit dem Akkusativ konstruieren. Der Araber sagt nicht: homo est sapiens – dies drückt das eigentliche Verhältnis insofern nicht genau aus, als man es auch verstehen kann: der Mensch ist ganz und gar nur weise, er hat keine entgegengesetzte Potenz, keine Potenz des nicht- weise-Seins in sich, was doch, wie wir alle wissen, nicht der Fall ist, und weil es außerdem den Satz zu einem bloß tautologischen machen würde. Ohne Voraussetzung einer dem Prädikat entgegengesetzten Potenz in dem Subjekt wären alle Aussagen nur tautologische. Denn daß z.B. das Helle hell ist, bedarf keiner Versicherung. Was *kann* hell sein als das seiner Natur nach Dunkle, d.h. was ohne Anziehung des an sich Hellen dunkel sein würde? Wovon kann man sagen, daß es wissend *ist*, als eben von dem Unwissenden? Denn das Wissende selbst, das gar nichts anderes (keine entgegengesetzte Potenz), also das *rein* Wissende ist, kann ebendarum nicht im eigenschaftlichen Sinne wissend, d.h. ein Wissendes sein, wie wir von dem, was *das* Seiende ist, sagen, es sei eben, weil es dies ist, nicht ein Seiendes, nicht seiend im eigenschaftlichen (oder anzüglichen) Sinn. Der Araber sagt gegen alle sonstige Grammatik:

homo est sapientem. Dieser Akkusativ zeigt, daß bei ihm das Ist so viel als potest bedeutet, denn das Verbum possum regiert der Natur der Sache nach, und darum in allen Sprachen, den Akkusativ. Der Sinn ist also: der Mensch trägt, er ist mir Träger, nur *Subjekt* des weise-Seins, er ist nur insofern weise, als er die Potenz des entgegengesetzten Seins in sich *als* bloße Potenz gesetzt hat, er *vermag* auf diese Art das weise-Sein, er zieht es sich an als Prädikat, hat Gewalt über dasselbe; denn alles, was sich zu einem andern als Potenz oder Subjekt verhält, hat auch eine gewisse Gewalt über das, was es anzieht, nämlich eben die Gewalt, es anzuziehen und *so* es zu *sein*, und es *nicht* zu sein, d.h. es auszuschließen, zurückzustoßen. Dies zur Erklärung des Ausdrucks: das Seinkönnende ist nicht mehr *Es selbst*, sondern es ist – das rein Seiende. Seine Besonderheit, oder besser: seine Eigenheit (nach dem griechischen *idiotês* gebildet), seine Eigenheit ist gleichsam untergegangen oder aufgehoben, und kommt nicht mehr zur Sprache. Es ist also durch dieses Verhältnis *von* seiner Eigenheit, d.h. von sich selbst, erlöst und befreit. Nicht daß es völlig nichts wäre, denn es wird nur befreit von dem Anteil seines Wesens, der es außer sich selbst herausziehen würde, in dem zugleich allein seine Selbstheit, seine Eigenheit, sein es Unterscheidendes liegt, das, wodurch es *für sich* sein *könnte*. Es wird also durch dieses Verhältnis zu dem rein Seienden vielmehr von dem Zufälligen, dem nur nicht Auszuschließenden seiner Natur befreit. Denn sein Wesen ist, lauteres Seinkönnendes zu sein, aber nicht um seiend, sondern eben um sein Könnendes zu sein. Seinem *Wesen* nach, *insofern* es als Wesen besteht, ist es intransitives, in sich selbst bleibendes Seinkönnendes. Aber von diesem intransitiven ist das transitive nur nicht auszuschließen; insofern eigentlich das nicht Gewollte, das Zufällige. Von diesem nur nicht Auszuschließenden, also Zufälligen seines Wesens, wird es befreit durch das Verhältnis zu dem rein Seienden. Also es wird durch dieses Verhältnis vielmehr in sein wahres Wesen versetzt. Es ist jetzt lauteres Seinkönnendes, nicht im *Gegensatz* von Sein (wie in seiner Zweideutigkeit), sondern so, daß das Seinkönnen ihm selbst das Sein ist, daß es dieses Seinkönnen selbst sich zum Sein macht, oder es als Sein achtet. Durch das Seiende wird also das Seinkönnende in sein Wesen zurück oder in sich selbst geführt, sich selbst *gleichgesetzt* (der erste Anfang zur Gewißheit – zur Sicherheit), da es von Natur das sich selbst Ungleiche sein würde. Keine höhere Wonne für ein der Abweichung von sich selbst ausgesetztes Wesen, als sich selbst zurückgegeben, in sich selbst zurückgeführt zu werden. Wonne ist es jedem besseren Menschen, in sein eignes Inneres geführt zu werden; die *wahre* Freundschaft ist die, welche uns dieses gewährt. In dem herrlichen Monolog von Goethes Faust, wo dieser den höchsten Geist anruft und von diesem sagt: er habe ihm alles gegeben, warum er gebeten, und namentlich sagt:

> Gabst mir die herrliche Natur zum Königreich.
> Kraft, sie zu fühlen, zu genießen;

und dann ferner jene Worte hinzufügt, mit denen jeder der vergleichenden Zootomie Beflissene sich begeistern sollte:

> Du führst die Reihe der Lebendigen
> Vor mir vorbei und lehrst mich meine Brüder
> Im stillen Busch, in Luft und Wasser kennen –

nachdem also Faust aller dieser Herrlichkeiten erwähnt, welche zu genießen der Schöpfer ihm Geist und Kraft verliehen, so ist es der schönste Zug dieses Selbstgesprächs, daß Faust über alle die Wonne, welche die Natur ihm gewährt, jene setzt, die er im eignen Inneren findet – indem er fortfährt:

> Du zeigst
> Mich dann mir selbst, und meiner eignen Brust
> Geheime tiefe Wunder öffnen sich.

In sich selbst zurückgeführt, macht sich das Seinkönnende eben das nicht *Sein*, nämlich das nicht *äußerlich* Sein selbst zum Sein, aber eben, *indem* es sich selbst als Nichts empfindet (nämlich als ein Nichts, als jenen gänzlichen Mangel des äußeren Seins), ist es als dieses Nichts der Zauber (die Magie – dieses Wort ist nur eins mit unserem deutschen *Macht, Möglichkeit*, also mit Potenz) – als dieses Nichts ist es die Magie, die Potenz, die das unendlich Seiende an sich zieht, so daß es, ohne ein Sein für sich anzunehmen, in dem rein Seienden als in einem anderen Selbst sich selbst besitzt – nicht als *ein* Seiendes, sondern eben als das *unendlich* Seiende. Es muß selbst *nichts* sein, damit das unendlich, das überschwenglich Seiende ihm *etwas* werde. Gerade in der höchsten Ungleichheit ist die höchste Gleichheit, denn jedes ist – nur auf entgegengesetzte Art – das andere; in beiden ist, wie schon früher gezeigt, eine völlig gleiche Selbstlosigkeit oder Ledigkeit seiner selbst: in dem Seinkönnenden, inwiefern es sich nicht will, weil es überhaupt nicht *will*, sondern im Nichtwollen, in der reinen Substantialität bestehen bleibt; in dem *rein* Seienden, inwiefern es zwar *will*, ja reines Wollen ist, aber sich selbst nicht will, sondern nur das Seinkönnende will. Gerade, daß sie im *reinen* – nicht im teilweisen – Gegensatz miteinander stehen, daß jedes die reine Negation des anderen ist, das eine, indem es nicht *außer*, das andere, indem es nicht in sich ist, oder umgekehrt, jenes, indem es nicht Objekt, dieses, indem es nicht Subjekt von sich selbst ist, macht unmöglich, daß sie sich ausschließen. Denn z.B. zwei Seiende, deren jedes Subjekt und Objekt von sich selbst wäre, würden sich ausschließen, aber das reine Subjekt schließt das reine Objekt und das reine Objekt schließt das reine Subjekt nicht aus, und *ein und dasselbe* kann *beide* sein. Gerade aus dem *reinen* Gegensatz folgt hier (um mich dieses Ausdrucks wieder zu bedienen) die höchste gegenseitige Annehmlichkeit.

Wie das Eine sich als das Seinkönnende zum Subjekt seiner selbst als des rein Seienden hat, so hat eben dasselbe als das Seinkönnende sich selbst als das *rein* Seiende zum Objekt. Ja das Eine ist seiner zweiten Bestimmung nach das rein Seiende nur, inwiefern es sich selbst als das Seinkönnende zu seiner Voraussetzung hat, nur *dadurch* ist es als das rein Seiende, als in einem zweiten Selbst, über sich selbst gehoben, denn es ist das rein Seiende oder *unendlich* Wollende nur, inwiefern es etwas hat, dem es sich geben, das es, weggehend von sich selbst und darum unendlich, wollen kann.

Absichtlich habe ich mich bei diesem Verhältnis etwas länger verweilt, denn durch dieses Urverhältnis sind alle folgenden bestimmt. Setzen *Sie* oder nehmen *Sie* als möglich ein, daß jenes Seinkönnende irgend einmal zum Sein hervortrete (wie und auf welche Weise dies etwa geschehen könne, sehen wir freilich hier nicht – aber setzen *Sie* dies als möglich), so wird auch alsdann jenes Seinkönnende nicht aufhören Subjekt des rein Seienden zu sein, wie wir denn auch in einem andern Zusammenhang schon vorhergesagt haben, daß es auch im wirklichen Sein dennoch stets nur als das der Negation Unterliegende erscheinen werde.

Ein und dasselbe Wesen ist uns also jetzt von der einen Seite Seinkönnendes, von der andern Seite rein Seiendes. Nun müssen wir aber Folgendes überlegen. Als jedes von diesen ist es eine relative Negation des andern. Als Seinkönnendes ist es Negation des Seins, nicht absolute, sondern nur Negation des Seins in sich. Als das rein Seiende ist es ebenso relative Negation des Könnens. Es ist insofern – als *jedes* von diesen einzeln oder besonders betrachtet – eine Einseitigkeit, als Seinkönnendes, weil es das Sein, als rein Seiendes, weil es das Seinkönnen ausschließt. Indem es nun aber als das rein Seiende *sich* als das Seinkönnende zum Subjekt macht, oder – damit man sich dabei nicht etwa einen besondern Akt vorstelle – indem es als das rein Seiende sich als das Seinkönnende zum Subjekt hat, so ist es als Seinkönnendes abgehalten, selbst *objektiv* zu werden, indem es alsdann aufhört dem rein Seienden Subjekt zu sein. Aber eben dieses Verhältnis zeigt uns, daß in keinem von beiden das *wahre* Ende, d.h. das, bei dem wir stehen bleiben könnten, wirklich gegeben ist; wir sehen, daß es weder als das eine noch als das andere *das* ist, was es eigentlich sein *soll*. Denn als das Seinkönnende ist es vielmehr ausdrücklich gesetzt als das nicht selbst oder um seiner selbst willen Seiende, denn es ist gesetzt als Subjekt des rein Seienden. Als dieses aber ist es auch nicht das um seiner selbst willen Gesetzte, sondern es ist nur gesetzt, um das erste als Subjekt, in der Subjektivität oder Subjektion zu erhalten. Hier ist also offenbar nicht stehen zu bleiben. Denn weder als das eine noch als das andere können wir es ansehen als das um seiner selbst willen Seiende, als das eigentlich *Ziel* des Wollens sein kann oder sein *soll*. Indem wir von dem Seinkönnenden zu dem rein Seienden fortgehen, *wollen* wir eigentlich weder das eine noch das andere, wir wollen schon ein Drittes, oder genau gesprochen, das, was sein wird, als ein Drittes, nämlich als das, in dem es das *um seiner selbst willen* Seiende ist.

Was kann es denn nun aber als dieses Dritte sein? Wir haben schon gezeigt, daß es als Jedes – als das Seinkönnende und als das rein Seiende eine Einseitigkeit ist. Dadurch nun, daß es *ein* und dasselbe Wesen ist, das das eine und das das andere ist, dadurch hebt dieses (das Eine nämlich) die Einseitigkeit in sich auf, es ist von seiner Einseitigkeit als das Seinkönnende dadurch befreit, daß es das rein Seiende ist, und von seiner Einseitigkeit als das rein Seiende dadurch, daß es auch das Seinkönnende ist. Das Eine kommt also dadurch in die Mitte zu stehen als das vom einseitigen Sein und vom einseitigen Können *freie*; da es aber von den beiden Einseitigkeiten nur frei ist, indem es beide *voraussetzt*, d.h. ebensowohl auch die *beiden* ist (denn nähmen wir sie in Gedanken hinweg, so würde daraus weiter nichts folgen, als daß wir wieder von vorn anfangen müßten; das, was sein wird, würde uns immer wieder zuerst das unmittelbar Seinkönnende sein), da es also das von beiden freie nur ist, inwiefern es beide voraussetzt, d.h. selbst auch beide ist, so ist es das von beiden freie nur als ein Drittes, und daraus folgt dann, daß es auch umgekehrt als dieses Dritte nur zu bestimmen ist als das vom einseitigen Können und vorn einseitigen Sein *freie*.

Dies ist aber vorderhand nur ein negativer Ausdruck. Uni den positiven zu finden, bitte ich *Sie* folgendes zu überlegen.

Das Seinkönnende ist ein einseitiges, weil es nicht in das Sein übergehen kann, ohne sich selbst als Potenz aufzuheben, weil also in ihm der Aktus die Potenz und die Potenz den Aktus ausschließt. Wir können sagen: *absolut* gesprochen ist es das – *beides*, Potenz und Aktus, sein Könnende so daß sein die Potenz oder das Seinkönnende Sein selbst wieder ein potentielles ist, denn es ist das Seinkönnende nicht so, daß es nicht auch das Gegenteil sein könnte, und so ist es das Seinkönnende selbst nur möglicher- oder hypothetischerweise, nämlich wenn es *nicht* in das Sein übergeht – (ich bitte, dies als bloße Nebenerläuterung anzusehen) – also absolut gesprochen ist das Seinkönnende das – *beides*, Potenz und Aktus, sein Könnende, aber wenn es *Potenz* ist, so kann es nicht *Aktus* sein, und wenn es Aktus ist, hört es auf Potenz zu sein. Darin besteht seine Einseitigkeit. Das rein Seiende aber ist sogar *nur* Aktus, d.h. es schließt die Potenz ganz von sich aus, es ist nicht wie das Seinkönnende natura anceps, es ist das entschieden, das rein und bloß Seiende, in dem keine Potenz ist, und darin besteht *seine* Einseitigkeit. Das Dritte also, welches nach unserer Bestimmung das von *beiden* Einseitigkeiten Freie ist, kann nur das sein, in welchem der Aktus nicht die Potenz und die Potenz nicht den Aktus ausschließt, nur dasjenige, das im Vergleich mit dem *rein* Seienden im Sein nicht aufhört Potenz zu sein, sondern Potenz *bleibt*, und im Vergleich mit dem Seinkönnenden nicht auf das Sein verzichten muß, um Seinkönnendes oder um Potenz zu bleiben – kurz das Dritte ist nur zu bestimmen, *als das zu sein und nicht zu sein erst wirklich Freie*, weil es im Wirken oder im Wollen nicht aufhört als Quelle des Wirkens, als Wille zu bestehen, und daher, um Potenz oder um Wille zu sein, nicht nötig hat reines nicht- *Wollen* zu sein. Oder – in einem andern Ausdruck – wenn wir das Seinkönnende als Subjekt, das rein Seiende als Objekt bestimmen, so ist das Dritte das, was weder bloß dieses, noch bloß jenes, sondern das unzertrennliche Subjekt-Objekt ist, das nämlich im Objektsein, wenn es ins wirkliche Sein übergeht, nicht aufhört Subjekt zu sein, und um Subjekt zu sein, nicht aufgeben muß Objekt, d.h. seiend, zu sein – das sich selbst nicht verlieren Könnende, das bei sich Bleibende, kurz das als solches seiende Seinkönnende. Und dieses erst ist das, was wir eigentlich wollen können, und daher auch schon ursprünglich wollen.

Auch *hier*, im Fortgang zu dieser dritten Bestimmung, sind wieder verschiedene Erläuterungen nötig.

Ich bemerke also:

1. daß wir auch mit diesem Dritten noch immer *über* dem wirklichen Sein uns befinden (denn es wird auch hier von dem Sein noch immer als einem zukünftigen geredet). Wir haben

das Dritte bestimmt als dasjenige, welches, *wenn* es seiend ist, nicht aufhört *Quelle* des Seins zu sein. Also sind wir auch mit ihm noch über dem Sein. Ich bemerke

2. daß auch das als solches seiende Seinkönnende nur wieder das Eine, eine dritte Bestimmung des Einen, nicht aber ein selbst-Seiendes ist. Wir haben mit den drei Begriffen nicht etwa drei außereinander Befindliche, deren jedes für sich ist, wir haben nicht 1+1+1, sondern immer nur eins gesetzt. Wir haben nicht drei Wesen, sondern nur **Ein** *dreifaches* Wesen, das nur drei Ansichten – oder vielmehr, um dies objektiv auszudrücken, wie es auch gemeint ist – Eines, das drei Angesichte, drei Antlitze gleichsam darbietet. Das bloß Seinkönnende und das als solches seiende Seinkönnende schließen sich nicht aus, das eine ist wie das andere, und da sich auch das bloß Seinkönnende und das rein Seiende nicht ausschließen (wie schon gezeigt), so schließen sich alle drei nicht aus, d.h. sie sind nicht drei für sich Seiende, sondern nur drei Bestimmungen Eines und desselben. Ein und dasselbe (numero unum idemque) ist das Seinkönnende, das rein Seiende und das als solches gesetzte Seinkönnende.

Das unmittelbar oder *bloß* sein Könnende haben wir in bezug auf das künftige Sein bestimmt als das nicht sein Sollende, das als solches seiende Seinkönnende aber als das sein Sollende, dem gebührt zu sein. Aber das nicht sein Sollende, solang es nur dieses und nicht wirklich ist, ist dem sein Sollenden nicht ungleich, sondern gleich, und daher im sein Sollenden verborgen, es macht sich ihm erst ungleich, wenn es zum wirklichen Sein übergeht, wie das Böse des Kindes noch im Guten verborgen ist und erst später aus diesem hervortritt, wobei ich jedoch bemerken will, daß dieses Beispiel nur analogisch zu verstehen ist, aber keineswegs berechtigen soll, das nicht sein Sollende etwa als ein Prinzip des Bösen zu denken. Denn solange es in statu potentiae bleibt, ist es, wie gesagt, *wie* das sein Sollende, tritt es aber aus diesem hervor, so ist es auch da noch nicht *als* das nicht sein Sollende erklärt. Zwar haben wir schon bemerkt, vermöge des ursprünglichen Verhältnisses würde es auch im wirklichen Sein der Negation unterliegen, und also negiert werden. Aber eben dadurch ist es erst als das nicht sein Sollende erklärt, und erst das als solches *erklärte* nicht sein Sollende, wenn es sich wieder ex statu potentiae erhebt, erst dieses ist das Böse zu nennen, woraus allein schon erhellt, daß das Böse als solches erst in der Kreatur möglich ist.

Eine dritte, unsern früheren Erläuterungen über das Verhältnis zwischen dem Seinkönnenden und dem rein Seienden entsprechende Bemerkung ist folgende. Wir haben das Seinkönnende als Subjekt erklärt und also das rein Seiende in das Verhältnis zu ihm gesetzt, in welchem das Prädikat zu dem Subjekt gedacht wird. Das Subjekt aber ist das Innere, das Prädikat das Äußere. Nun aber, wie das Seinkönnende Subjekt des rein Seienden, so ist das Eine, inwiefern es das Seinkönnende *und* (+) das rein Seiende (minus A + plus A) ist, Subjekt seiner selbst als des unzertrennlichen Subjekt-Objekts – dieses also ist gleichsam das Äußerste, Offenbarste des Wesens, das bloß Seinkönnende aber das *Innerste*, Verborgenste.

Die drei Begriffe sind nur Bestimmungen Eines und desselben, aber eben deswegen ist dieses z.B. als Objekt nur bestimmbar, inwiefern es zuvor als Subjekt bestimmt worden, und als Subjekt-Objekt nur, inwiefern schon als Subjekt und als Objekt. Auch hieraus erhellt, daß die Differenz des Subjekts, des Objekts und des Subjekt-Objekts nicht eine substantielle ist, sondern eine bloße Differenz der Bestimmung. Zwar ist das unzertrennliche Subjekt-Objekt eigentlich das, was wir *wollen*, aber es *läßt* sich nicht unmittelbar setzen, denn es ist nur darum das im Sein Potenz oder Subjekt Bleibende, weil es im Sein auch nicht *sich* wollen kann. Aber das Erste, das nichts vor sich hat, wenn es ins Sein übergeht, kann nur *sich* wollen, es ist das nur für sich sein Könnende, in beiderlei Sinn, nämlich das nur als Objekt seiner selbst sein Könnende, und das nur in der Abziehung von allem andern sein Könnende. Dies ist aber schon dem Zweiten und noch mehr dem Dritten unmöglich, die nicht für sich sein und von dem, was ihre eigne Voraussetzung ist, sich nicht trennen können.

In dem Dritten, das als das unzertrennliche Subjekt-Objekt, als das nun wirklich zu sein und nicht zu sein Freie bestimmt worden, haben wir das, was wir wollen – also das *wahre* Ende, das, bei dem wir stehen bleiben können. Mit der dritten Bestimmung ist das, was sein wird, *vollendet*, mit dieser Bestimmung haben wir es also als das in sich selbst Beschlossene, das Absolute erreicht, das letzte Wort im eigentlichen Sinn genommen, als id quod omnibus numeris absolutum est. Denn der Begriff des Absoluten ist gleich entgegengesetzt dem Begriff der leeren Ewigkeit und der leeren Unendlichkeit. Leere Ewigkeit nenne ich, in dem nichts von einem Anfang und einem Ende ist: aber in jenen drei Bestimmungen sind vielmehr Anfang, Mittel und Ende gegeben, nur daß sie nicht *außer*einander, sondern ineinander sind. Von dem Begriff der leeren Unendlichkeit ist ebenso alte Endlichkeit ausgeschlossen; allein in jenen drei Bestimmungen ist das Absolute gegen sich selbst oder in sich selbst endlich, während es nach außen völlig frei oder unendlich ist; nirgends ein Unbegrenztes, sondern überall ein Begrenztes, ist es doch *frei*; denn es ist *gefaßt* und auch *nicht* gefaßt: gefaßt, inwiefern es ein durchgängig Bestimmtes, nicht gefaßt, inwiefern es keiner einzelnen Form oder Bestimmung so verpflichtet ist, daß es die anderen ausschlösse. Hier ist also auch der Begriff des einförmigen und leeren Seienden vollends gänzlich beseitigt, an die Stelle desselben ist das gegliederte, in sich selbst zugleich mehrfache und einfache Seiende getreten. Von dem Parmenideischen Einen wurde gleich anfangs abgelenkt, inwiefern das Subjekt des Seins gleich als das Seinkönnende bestimmt wurde, d.h. als Negation des *Seins* gesetzt, der dann eine gleiche Negation des Könnens notwendig entgegensteht. Das Eiste, das wir setzten, ist schon = Einem, nicht = Allem, was hier ebensoviel bedeuten würde als = 0. Das subjectum ultimum alles Seins ist freilich mehr als nur Eines (unum quid), aber nicht dadurch, daß es im gewöhnlichen Sinn unendliche oder allgemeine Substanz, sondern dadurch, daß es *Allheit* ist (denn jede geschlossene und in sich geendete Mehrheit ist = Totalität = Allheit). Das, was sein wird, das Subjekt alles Seins, ist notwendig Allheit, aber nicht in einem *materiellen* Außereinander, nicht als 1+1+1, so daß diese Elemente sich als *Teile* des Einen verhielten. Denn der Teil ist immer ein vom Ganzen Verschiedenes, inwiefern angenommen wird, daß das Ganze mehr ist als dieser Teil, daß es mehr enthält als dieser, nämlich auch die andern Teile, welche *dieser* von sich ausschließt. Teile sind nur, wo gegenseitige Ausschließung. Aber eine solche Ausschließung findet hier eben nicht statt, sondern *jedes* ist das Ganze. Das Seinkönnende ist nicht außer dem Seienden und nicht *außer* dem als solches gesetzten Seinkönnenden. Keines von diesen ist *außer* dem andern; *was* ich also betrachte, ist immer das Ganze. Der Teil, wenn man von einem Teil sprechen will, ist hier selbst das Ganze und nicht weniger als das Ganze, und umgekehrt ist das Ganze nicht mehr, als jeder Teil auch ist. Dies ist aber der Charakter der vollendeten Geistigkeit. Im Geistigen ist der Anfang nicht außer dem Ende, und das Ende nicht außer dem Anfang, der Anfang ist eben da, wo auch das Ende, und das Ende eben da, wo auch der Anfang, wie Christus den Geist beschreibt, indem er ihn mit dem Wellen des Windes vergleicht: Der Wind wehet, wo er will (d.h. jeder Punkt ist ihm gleichgültig), und du hörest sein Sausen wohl, aber du weißt nicht, von wannen er kommt und wohin er fährt, d.h. du kannst in ihm den Anfang nicht von dem Ende trennen, er ist überall Anfang und überall Ende, jeder Punkt seiner Bahn kann als Anfang und kann als Ende betrachtet werden. Wenn demnach eine solche Einheit, als wir in »dem was sein wird« gesetzt haben, nur in einem Geist denkbar ist, so haben wir damit gewonnen, daß »das was sein wird« *Geist* ist, und zwar – als *Allheit* – der vollendete, in sich selbst beschlossene und in diesem Sinn absolute Geist.

Mit dem Begriff des Geistes tritt nun aber ein vollkommener Wendepunkt ein.

Unser ganzes Bemühen ging dahin zu finden, was *vor* und *über* dem Sein ist. Doch konnten wir dieses vorerst in *bezug* auf das Sein – als das, was *sein wird* – betrachten. Dies hat uns sukzessiv auf die Begriffe des reinen Seinkönnenden, des *reinen* Seienden, und des im Aktus, im Sein Potenz Seienden geführt. Diese drei Begriffe verhielten sich soweit als notwendige Bestimmungen dessen, was *sein wird*, wenn nämlich dieses als solches festgehalten und gesetzt, wenn es gegen seine eigne Zukunft festgestellt werden soll, daß es nicht ein blindlings in diese Fortgehendes, sich selbst gleichsam Überstürzendes und auf diese Weise sich Verlierendes sei. Aber es zeigte sich, daß jene drei sich nicht in einem materiellen Außereinander denken lassen, sondern nur als Bestimmungen eines Geistes. Das, was sein wird, war also nun bestimmt als Geist, und wir können sagen: das, was sein wird, *als solches* gesetzt oder festgehalten, ist Geist und zwar vollendeter Geist. Es ist aber nun leicht einzusehen, daß damit die ganze Betrachtung sich *umkehrt*. Der vollendete Geist ist der, welcher nicht mehr nötig hat aus sich herauszugehen, der in sich selbst ganz vollkommen und beschlossen ist. Insofern kann er nun auch zunächst nicht mehr als eine mögliche Quelle oder Ursache eines *künftigen* Seins, er muß vor allem als *selbst Seiendes* bestimmt werden, und kommt nicht mehr bloß in bezug auf ein anderes, mögliches Sein, sondern natürlich zuerst in bezug auf sich selbst zu betrachten. – Bisher allerdings galten uns jene Begriffe nur als die Potenzen, Möglichkeiten oder Prioritäten eines künftigen Seins. Das Seinkönnende als solches ist unmittelbare Möglichkeit oder mögliche Quelle eines künftigen Seins, auch das rein Seiende enthält in sich, wenn gleich nur eine mittelbare, aber denn doch eine mittelbare Quelle des Seins. Das rein Seiende ist das nur mittelbar – aber doch das mittelbar auch sein Könnende; denn es ist leicht vorauszusehen, daß, wenn das *unmittelbar* Seinkönnende, von welchem wir sagten, es sei dem rein Seienden Grund, Subjekt – wenn dieses aus dem angenommenen Verhältnis herausträte und ein selbst Seiendes, objektiv würde, daß es nun jenes rein Seiende in statum potentiae setzte, wo es sich dann also ebenfalls als ein Seinkönnendes verhielte. Durch seinen Bezug auf das Seinkönnende war also alles auch Seinkönnendes. Insofern verhielten sich unsere drei Begriffe insgesamt als Potenzen eines künftigen möglichen Seins. Aber in dem vollendeten Geist können sie nicht mehr als *solche* betrachtet werden. In dem vollendeten Geist ist das unmittelbar Seinkönnende nicht mehr Seinkönnendes, es wird, wie wir früher erklärten, des Zufälligen an ihm, d.h. eben des Seinkönnens im transitiven Sinn, entbunden, und so sind also, in ihrer Einheit, d.h. im vollendeten Geist, betrachtet, alle jene Potenzen nicht mehr als Potenzen eines künftigen Seins, d.h. überhaupt nicht mehr Potenzen, sondern als der Geist selbst, d.h. als immanente Bestimmungen des Geistes selbst. Sie treten in ihn selbst zurück, jetzt ist der *Geist* das Erste, das Prius (denn er ist nicht etwa zusammengesetzt aus ihnen – er ist ihre vor- und übermaterielle Einheit: er ist – zwar natürlich nicht der Zeit, aber doch der Natur nach – *eher* als sie), Er ist ihr Prius, wir haben uns ihrer zwar als Stützen und Unterlagen, wie Platon sich ausdrückt, bedient, um zu ihm aufzusteigen, aber nachdem wir ihn erreicht haben, werfen wir die Leiter hinter uns ab, die Folge unserer Gedanken kehrt sich um: was einen Augenblick das prius scheinen konnte, wird zum posterius, und umgekehrt, was das prius, wird zum posterius. – Um aber diese Umkehrung aus einem allgemeinen Gesichtspunkt zu zeigen, so bemerke ich, daß unser Philosophieren bis jetzt durchaus nur ein hypothetisches war. Wenn es ein Sein gibt, so ist das Seiende *selbst* ein *notwendiger* Gedanke. In seinem unmittelbaren Verhältnis zum Sein aber ist es das unmittelbar Seinkönnende usf. (denn ich will nicht diese ganze Reihe von Bestimmungen wiederholen), aber diese ganze Folge, wie *Sie* selbst sehen, beruht auf der Voraussetzung, wenn es ein Sein oder ein Seiendes gibt. Hieraus erhellt also, daß jener Gedanke *des* Seienden, d.h. einer letzten aller Differenz entkleideten Substanz des Seins, nicht ein an sich notwendiger ist, wofür die Anhänger des Parmenides oder des Spinoza ihn ausgeben, sondern doch nur ein relativ notwendiger; denn, wenn ich bis an die Grenze alles Denkens gehen will, so muß ich ja auch als möglich anerkennen, daß überall nichts wäre. Die letzte Frage ist immer: warum ist überhaupt etwas, warum ist nicht nichts? Auf diese Frage kann ich nicht mit bloßen Abstraktionen von dem wirklichen Sein antworten. Anstatt also, wie es den Anschein haben konnte, daß das Wirkliche durch jenes abstrakte Seiende begründet sei, ist vielmehr dieses abstrakte Seiende nur begründet durch das Wirkliche. Ich muß immer zuerst irgend eine Wirklichkeit zugeben, ehe ich auf jenes abstrakte Seiende kommen kann. Nun steht freilich alles wirkliche Sein vielem Zweifel bloß, ja man kann sagen, die Philosophie hat eben mit dem Zweifel an der Realität des einmal vorliegenden oder vorhandenen Seienden angefangen. Aber dieser Zweifel bezieht sich immer nur auf *dieses* wirkliche, auf das bestimmte vorliegende, wie z.B. diejenigen Philosophen, die man Idealisten zu nennen pflegt, die reelle Existenz der körperlichen Dinge geleugnet haben, aber die Frage dieses Zweifels hat, vernünftigerweise, immer nur den *Sinn*, ob *dieses* Wirkliche, z.B. ob das Körperliche, das *wahre* Wirkliche sei, im Grunde setzt also dieser Zweifel das *wahre* Wirkliche selbst voraus, er will sich nur nicht das bloß scheinbare für das wahre geben lassen. Hätte der Zweifel an der Realität des einzelnen Seienden oder Wirklichen *den* Sinn, an der Realität des Wirklichen überhaupt zu zweifeln, so würde der Anhänger des Parmenides z.B. seine eigne Voraussetzung, die Voraussetzung des abstrakten Seienden, aufheben. Er wäre auch zu dem Begriff des abstrakten Seienden nicht berechtigt, wenn er nicht irgend ein Wirkliches voraus hätte. In letzter Instanz ist also die Voraussetzung der Philosophie immer nicht irgend ein Abstraktes, sondern ein unzweifelhaft Wirkliches. Dieses letzte Wirkliche kann nun nicht in jenen Prinzipien gesucht werden, die selbst bloße Möglichkeiten, bloße Potenzen eines künftigen Seins sind – dieses Wirkliche kann eben nur der Geist sein. Der Geist ist die Wirklichkeit, die vor jenen Möglichkeiten ist, die diese Möglichkeiten nicht vor sich, sondern *nach* sich hat, nämlich als Möglichkeiten hat er sie nach sich. Denn in ihm selbst sind sie Wirklichkeiten, Wirklichkeiten nämlich als teilnehmend an *seiner* Wirklichkeit (nicht als selbst wirkliche); Möglichkeiten, aber nicht *seines*, sondern eines andern, von ihm verschiedenen Seins, sind sie nur, inwiefern sie *über* ihn hinausgehend gedacht werden; als Möglichkeiten eines andern Seins treten sie erst nach der Hand, ex post oder post actum hervor.

Jene Möglichkeiten sind Prinzipien des Seins – Prinzipien nicht etwa des Geistes oder *seines* Seins (denn nicht weil sie sind, ist Er, sondern umgekehrt, weil Er ist, sind sie), sondern Prinzipien sind sie des Seins, welches von Anfang an zu erklären beabsichtet worden, des Seins, das Erklärung fordert. Das *sind* sie in der Tat; sie sind die eigentlichen Anfänge, *archai*, des sämtlichen gewordenen Seins. Es ist natürlich, daß die Philosophie *zuerst* und vor allem dieser unmittelbaren Prinzipien des Seins sich versichere. Ihre Absicht ist, überhaupt das Sein, welches seine Begreiflichkeit nicht in sich selbst hat, weil es gleich als ein *nicht*-ursprüngliches sich darstellt – überhaupt dieses Sein zu begreifen und zu erklären. In dieser Erklärung aber gibt es dann natürlich Stufen. Die erste Wahrnehmung ist, gewisse unmittelbare Prinzipien des Seins zu unterscheiden, die in dem übrigens verschiedenartigen Sein doch immer wiederkehren und als dieselben erscheinen. Die ganze erste Periode der griechischen Philosophie ging großenteils damit hin, diese Prinzipien aufzusuchen. Die neuere hat sich nur langsam dahin erhoben, diese Prinzipien endlich in ihrer Reinheit aufzufassen. Denn z.B. wenn Cartesius die ganze Welt auf Materie und Denken als absolute Gegensätze reduziert, so war weder die Materie noch das Denken eine wahre *archê*, ein reines principium des Seins. Dasselbe gilt von der denkenden und ausgedehnten Substanz des Spinoza, wie von der Vorstellkraft, welche Leibniz als einziges Prinzip sowohl der materiellen als der geistigen Welt aufstellte. Die übrige Philosophie der neueren Zeit, namentlich die in den Schulen herrschende, gab das Forschen nach diesen unmittelbaren Prinzipien des Seins ganz auf, obgleich es gewiß die erste Aufgabe ist, das Sein erst auf seine unmittelbaren Prinzipien zu reduzieren, da man nicht hoffen kann, von der sinnloser. Weite und Ausgedehntheit des vorhandenen und gewordenen Seins unmittelbar – ohne Vermittlung jener Prinzipien – zur höchsten Ursache selbst gelangen zu können. Das Vermittelnde zwischen dem empirischen Sein und der *höchsten*, d.h. eigentlichen, Ursache (denn die Mittelursachen werden bloß uneigentlich so genannt) sind eben die *archai*, die unmittelbaren Prinzipien des Seins. Statt derselben hatte die neuere Philosophie bloße *Begriffe* als subjektive Vermittlungen. Es schien ihr genug, wenn sie z.B. Gott mit der Welt lediglich für das Denken mittelst solcher

Begriffe vermittelte, wobei es dahingestellt blieb und gewissermaßen als gleichgültig betrachtet wurde, wie sie objektiv zusammenhängen mögen.

Da ich hier der bloßen Verstandesbegriffe gedenke, mit welchen die frühere Philosophie zu der höchsten Ursache aufsteigen zu können meinte, so will ich bei dieser Gelegenheit bemerken, daß man unsere Prinzipien des Seins gänzlich mißverstehen würde, wenn man sie als bloße *Kategorien* betrachten wollte. Man könnte etwa die Entdeckung machen wollen: das, was wir das Seinkönnende nennen, sei nichts anderes als der allgemeine, d.h. auf alles, selbst auf das einzelnste konkrete Ding anwendbare *Begriff* der Möglichkeit. Was wir das rein Seiende nennen, sei die Kantsche Kategorie der Wirklichkeit, das sein Sollende sei der allgemeine Verstandesbegriff der Notwendigkeit. Allein dies wäre ein völliger Mißverstand. Jenes Seinkönnende ist nicht der *allgemeine*, auf das Konkrete insgesamt anwendbare Begriff der Möglichkeit, es ist vielmehr schlechterdings *nichts* Allgemeines, sondern im Gegenteil ein höchst Besonderes; es ist jene eine, ihresgleichen nicht kennende Möglichkeit, die Möglichkeit *kat' exochên*, die Urmöglichkeit, die der erste Grund alles Werdens, und insofern auch alles gewordenen Seins, ist.

Mit bloßen allgemeinen Verstandesbegriffen glaubte die frühere Philosophie das Verhältnis zwischen der Welt und Gott vermitteln zu können. Kant, indem er die Gebrechlichkeit und absolute Unzulänglichkeit dieses Verfahrens auf eine Weise zeigte, die unmöglich machte zu demselben zurückzukehren, hat damit, ohne es zu wissen oder zu wollen, die Bahn der objektiven Wissenschaft eröffnet, wo es nicht mehr darauf ankommt, jenes Verhältnis für unsere Erkenntnis bloß im Allgemeinen oder im Begriff ohne alle Einsicht in den wirklichen Zusammenhang zu vermitteln, sondern eben den wirklichen Zusammenhang selbst einzusehen. Fichte gab den ersten Anlaß, zu den wirklichen *archais* wieder zu gelangen, indem er Ich und Nicht-Ich entgegensetzte, ein Gegensatz, der offenbar mehr begreift als Denken und Ausdehnung. Indem aber Fichte unter dem Ich doch nichts anderes als das menschliche Ich verstand, das schon ein höchst konkretes ist, konnte man nicht sagen, daß in dieser Unterscheidung ein wahres *Prinzip* des Seins gegeben sei. Aber sie leitete doch dahin. Die Naturphilosophie kam zuerst wieder auf die reinen *archas*. Denn indem sie zeigte, daß im wirklichen Sein weder ein rein Objektives noch ein rein Subjektives irgendwo angetroffen werde, sondern auch an *dem*, was im Ganzen als Objektives oder in Fichtes Sprache als Nicht-Ich bestimmt wurde, in der Natur z.B. das Subjektive einen wesentlichen und notwendigen Teil habe und dagegen hinwiederum in allem Subjektiven ein Objektives sei, daß also Subjektives und Objektives in nichts auszuschließen seien, so waren nun eben damit Subjekt und Objekt als reine Prinzipien wirklich gedacht, zu wahren *archais* befreit, und indem auf diese Weise die unmittelbaren Prinzipien des Seins wieder gefunden waren, wurde es der Philosophie zuerst auch möglich, aus dem bloßen subjektiven Begriff, mit dem sie bis dahin alles zu vermitteln suchte, herauszutreten und die wirkliche Welt in sich aufzunehmen, gewiß die größte Veränderung, die sich seit Cartesius in der Philosophie zugetragen. Die wirkliche Welt in ihrem ganzen Umfang wurde zum Inhalt der Philosophie, indem sie begriffen wurde als ein von der Tiefe der Natur bis zu den letzten Höhen der geistigen Welt fortgehender Prozeß, dessen Stufen oder Momente nur die Momente einer fortwährenden Steigerung des Subjektiven sind, worin dieses ein immer zunehmendes Übergewicht über das Objektive erhält, von wo dann der nächste Schritt zur absoluten Ursache offenstand, welche eben als die dem Subjektiven fortwährenden Sieg über das Objektive verleihende oder gebende bestimmt werden konnte.

Es ist also immer schon etwas, diese Prinzipien des Seins gefunden zu haben, und zwar so, daß man zugleich ihrer Vollständigkeit sich versichert und erkennt: *diese* seien die einzigen, und außer denen keine andern gedacht werden können; es *seien* in ihnen wirklich alle Verhältnisse gegeben, die das, was vor und über dem Sein ist, zum Sein haben kann. Das Nächste am Sein kann nur das unmittelbar Seinkönnende sein, d.h. was, um zu sein, nichts bedarf als zu wollen, was daher insofern schon als Wille, nur noch ruhender, bestimmt ist. Diesem zunächst läßt sich nur noch das bloß mittelbar sein – sein und also auch wollen – Könnende denken, von dem sich leicht zeigen läßt, daß es seiner Natur nach nur das rein Seiende sein könne, das ein *wirklich* Seiendes werden, a potentia ad actum übergehen kann, nur sofern es in potentiam gesetzt wird, das also ein solches voraussetzt, von dem es in potentiam zu setzen, als das rein Seiende zu negieren ist. *Außer* diesen beiden – als *nur* durch beide zu Vermittelndes, das eben darum nur als Drittes in das Sein kommen kann, läßt sich dann nur noch denken das *als* rein Seinkönnende – als lautere Freiheit gegen das Sein – ins Sein Kommende, was weder dem Ersten möglich ist (denn dieses hört im Sein vielmehr auf Potenz zu sein), noch dem Zweiten, das im wirklichen Sein vielmehr sich zum *rein* Seienden wiederherzustellen und als Potenz aufzuheben sucht. Es läßt sich aber alsdann ferner leicht zeigen, daß diese drei Potenzen des Seins nur in Einem und demselben sich denken lassen. Denn z.B. das rein Seiende ist nur zu denken als Negation des Könnens, diese Negation des Könnens läßt sich aber nur begreifen als zweite Bestimmung einer Substanz oder eines Subjekts, das seiner ersten Bestimmung nach schon Können ist; und ebenso ist die dritte Potenz nur zu denken als Negation des einseitigen Könnens und des einseitigen Seins. Auch diese Doppelnegation aber ist nur möglich als *dritte* Bestimmung eines Subjekts, das früheren Bestimmungen nach schon einseitiges Können und einseitiges Sein ist. Es ist also Ein Subjekt, das die drei ist, und die Einheit, die in diesem Subjekt gedacht wird, kann nur eine geistige, d.h. es kann nur Geist sein. Durch die Mehrheit der *archôn* also war vermittelt, daß wir von der bloß substantiellen und abstrakten Einheit des Parmenides zu einer geistigen gelangten. Bis zu diesem Punkt war aber unsere ganze Entwicklung eine bloß hypothetische. *Wenn* ein Sein entsteht, so kann es nur in jener Folge entstehen. Aber warum entsteht denn ein Sein? Die erste *Wirklichkeit* ist uns in jenem Geist gegeben, von dem sich nun freilich sagen läßt: wenn ein vernünftiges oder ein frei gesetztes Sein ist (beides ist eins), so muß jener Geist sein; aber wir haben darum keineswegs eine absolute Notwendigkeit desselben begriffen, und wir haben ihn auch keineswegs etwa aus der Vernunft abgeleitet. Denn ich kann immer fragen: warum ist denn Vernunft und nicht Unvernunft? Jener Geist ist nicht etwa, *damit* es ein vernünftiges Sein gebe (ob dies gleich unserer ersten Fortschreitung nach so scheinen kann), sondern umgekehrt, das vernünftige Sein und die Vernunft selbst ist nur, weil jener Geist ist, von dem wir eben darum nur sagen können, daß er Ist, was eben so viel heißt, als daß er grundlos *ist*, oder lediglich Ist, weil er Ist, ohne alle ihm vorausgehende Notwendigkeit.

Ich habe freilich durch die ganze bisherige Entwicklung gezeigt: Wenn ein vernünftiges Sein ist oder sein soll, so muß ich jenen Geist voraussetzen. Aber damit ist noch immer kein *Grund* von dem Sein dieses Geistes gegeben. Ein Grund desselben wäre nur dann durch die Vernunft gegeben, wenn das vernünftige Sein und die Vernunft selbst unbedingt zu setzen wären. Aber dies eben ist nicht der Fall, denn es ist absolut gesprochen ebenso möglich, daß *keine* Vernunft und kein vernünftiges Sein, als daß eine Vernunft und ein vernünftiges Sein ist. Der Grund, oder richtiger gesprochen, die Ursache der Vernunft ist also vielmehr selbst erst in jenem vollkommenen Geist gegeben. Nicht die Vernunft ist die Ursache des vollkommenen Geistes, sondern nur, weil dieser gilt, gibt es eine Vernunft. Damit ist allem philosophischen Rationalismus, d.h. jedem System, was die Vernunft zum *Prinzip* erhebt, das Fundament zerstört. – Nur weil ein vollkommener Geist ist, ist eine Vernunft. Dieser selbst aber ist ohne Grund, schlechthin, weil er Ist. Aber daraus folgt nicht, wie man zu sagen pflegt, daß er absolut unbeweisbar wäre. Denn vielmehr die ganze (positive) Philosophie ist eben nichts anderes als der Erweis dieses absoluten Geistes. Er hat kein Prius, sondern ist selbst das absolute Prius, und also ist von keinem andern Prius aus zu ihm zu gelangen. Denn wenn wir uns auch hier jener *Prinzipien* des Seins (wie wir sie nannten) gleichsam als Stufen und Sprossen bedienten, zu ihm zu gelangen, so mußten wir doch am Ende einsehen, daß sie dies nur *für uns* waren, und auch nur zu einem propädeutischen (didaktischen) Zweck, daß aber objektiv, d.h. vom Standpunkt jenes Geistes selbst, betrachtet, das Verhältnis sich umkehrt und diese Prinzipien vielmehr die *Folge*, das Posterius von ihm sind. Es folgt hieraus, daß wenn die reinrationale Philosophie dem Vortrag der positiven Philosophie unmittelbar selbst vorausgeht, die letztere nicht erst die Prinzipe des Seins zu suchen hat, da sie ja in jener schon gegeben sind, wie denn der Verfasser nach hierüber hinterlassenen Andeutungen bei der Herausgabe dieses Teils seines Systems wirklich die Absicht hatte, die im Bisherigen wieder entwickelten, »das Seiende« konstituierenden Begriffe hier nicht aufs Neue und besonders wieder aufzustellen, und ebenso auch auf den Wendepunkt, der mit der gefundenen Idee eintritt, nicht wieder zurückzukommen, sondern einfach auf die Darstellung der reinrationalen Philosophie und auf die den Übergang zur positiven Philosophie bereitenden Vorträge (inkl. der Abhandlung über die Quelle der ewigen Wahrheiten) insbesondere zu verweisen, und so das Ganze als durch das Vorhergehende bewiesen zu behandeln. Man sieht übrigens aus der hier vorliegenden (die rationale Philosophie nicht voraussetzenden) Darstellung, daß, wenn die bloß rationale Entwicklung oder wenn die reine Vernunftwissenschaft sich darauf zu beschränken hätte, mittelst der Deduktion der Elemente, der Urstoffe des Seienden zu dem, was das Seiende Ist, (dem Seienden selbst) zu führen, sie selbst nur eine didaktische, substruierende Aufgabe *innerhalb* der positiven Philosophie zu erfüllen hätte, aber keine Wissenschaft *für sich*, keine alles in ihren Kreis ziehende, universelle Wissenschaft, d.h. keine Philosophie sein könnte, wie es die reinrationale ist. – Noch bemerke ich, daß außer der hier gegebenen Deduktion der drei Prinzipe noch eine andere (bei dem Vortrag über Philos. der Offenbarung in Berlin im Winter 1841 auf 1842 angewendete) Darstellung existiert, in welcher die Prinzipe nicht zuerst für sich oder von sich aus, sondern *unmittelbar* von *Gott* (A0) aus deduziert sind, ein Versuch, der im nächsten Bande mitgeteilt werden soll. A. d. O. Der absolute Geist kann also zwar *durch* diese Prinzipien, aber er kann durch sie nicht als durch sein prius, sondern nur als durch sein posterius bewiesen werden, d.h. er kann überhaupt nur *a posteriori* erwiesen werden. Dies darf freilich (wie schon in der Einleitung S. II, III, 130, Anmerk, 1. gezeigt worden) nicht in dem Sinn verstanden werden, in welchem man sonst wohl auch den physikotheologischen Beweis einen Beweis Gottes *a posteriori* genannt hat. In diesem Beweis nämlich wird aus der Zweckmäßigkeit der Natur und aller Natureinrichtungen im Ganzen und im Einzelnen auf einen freiwilligen und *intelligenten* Urheber der Dinge geschlossen. Hier sucht man also vom posterius, von dem, was als die Folge betrachtet wird, zu dem prius zu gelangen. Aber in der wahrhaft objektiven Philosophie wird der vollkommene Geist vielmehr dadurch erwiesen, daß von ihm als prius zu seiner Folge, nämlich zu seinen Werken und Taten als zum posterius, fortgegangen wird. In dem physikotheologischen Beweis wird die Welt zum prius des *Beweises* gemacht, Gott also zum posterius. Hier dagegen ist umgekehrt der vollkommene Geist das prius, von dem aus man zur Welt, zum posterius gelangt. Daraus ergibt und erklärt sich, was ich schon früher gesagt habe: die positive Philosophie sei in Ansehung der Welt Wissenschaft *a priori*, ganz von vorn anfangende, alles gleichsam in urkundlicher Folge, vom prius herleitend, in Ansehung des vollkommenen Geistes aber Wissenschaft *a posteriori*.

Das Prinzip der Philosophie ist eben ihr Gegenstand; *insofern* kann man sagen: das Prinzip der Philosophie liegt in ihrem Ende. Denn sie ist nichts anderes als die Realisierung ihres Prinzips. Es ist also auch freilich damit allein nichts getan, als das Erste und Höchste den vollkommenen Geist zu setzen, wenn man nachher von ihm aus nicht weiter – nämlich in die wirkliche Welt gelangen kann. Die Stärke einer Philosophie ist auch nicht nach dem Aufwand von Begriffen zu beurteilen, den sie macht, um ihr Prinzip zu begründen; ihre Stärke zeigt sich in dem, was sie mit ihrem Prinzip zu machen versteht. Nur die Unfähigkeit oder die vorschnell gefaßte *Meinung*, es sei *unmöglich*, diesen Weg zu finden, das Sein als ein freigesetztes und gewolltes zu begreifen, wodurch es allein auch ein vernünftiges Sein, ein wahrer *kosmos* sein kann, – nur die Unfähigkeit, sage ich, in der man sich befand, oder in der man, allzu freigebiger Weise die Schranken seiner eignen Subjektivität auf den menschlichen Geist überhaupt übertragend, den menschlichen Geist selbst glaubte, dieses Ziel zu erreichen, hat alle die künstlichen Systeme geboren, durch welche man im Grunde die wahre Aufgabe nur zu umgehen und sich zu verbergen gesucht hat. Nur wer jenen Weg wirklich geht und ihn dadurch *zeigt*, der hat den vollkommenen Geist als Prinzip der Philosophie erwiesen. Wir sind jetzt eben im Begriff, diesen Weg zu betreten.

Im absoluten Geist müssen sich allerdings auch alle Potenzen des der Erklärung bedürftigen Seins finden, aber er wird sie nicht unmittelbar als *Potenzen* dieses Seins, sondern als Bestimmungen seiner selbst, seines eignen Seins enthalten; nur mittelbar können sie sich als Potenzen des von ihm verschiedenen Seins darstellen. Sie sind in ihm nicht als transitive, sondern als immanente Bestimmungen, nicht in der Hinauswendung (gegen ein zukünftiges mögliches Sein), sondern in der Hineinwendung und daher nicht als ein anderes von ihm, sondern als *Er selbst*. Es ist leicht einzusehen, daß der absolut freie Geist notwendig zugleich der vollkommene, der in sich beschlossene, sich selbst genügende, nichts außer sich bedürfende, d.h. daß er absolute Allheit sein muß. Aber diese Allheit muß in ihm eine hineingewendete, d.h. bloß auf ihn selbst sich beziehende, sein, weil, wenn diese Allheit als eine solche in ihm wäre, die sich unmittelbar auf ein äußeres (von ihm verschiedenes) Sein bezöge, schon darin gewissermaßen eine Nötigung liegen würde aus sich selbst herauszugehen. Der vollkommene und nur darum auch absolut freie Geist kann nur derjenige sein, der über jedes besondere Sein hinausgehend, an keines gebunden, nach keinem außer sich strebend oder gezogen, keines außer sich bedürftig, sondern in sich beschlossen und vollendet, eine wahre Allheit ist. Diese Allheit ihrer *inneren* oder positiven Bedeutung nach stellt sich nun auf folgende Weise dar.

Der vollkommene Geist ist 1. der *an sich* seiende Geist: demnach zunächst überhaupt der *seiende*, wo also von einem über ihn selbst hinausgehenden Sein gar nicht die Rede ist, der selbst schon seiender Geist ist. In specie aber ist er unmittelbar oder zuerst der *an* sich, d.h. der nicht von sich *weg*, nicht als Objekt von sich seiende Geist. Es fällt den meisten schwer, diesen ersten Begriff zu fassen, weil alles Erfassen in einem sich-gegenständlich-Machen besteht, hier aber kommt es gerade darauf an, das absolut Nichtgegenständliche in dieser seiner Ungegenständlichkeit sich zu denken. Der Mensch begreift wohl noch das, wozu er durch eine Bewegung seines Denkens gelangen kann, aber dieser erste Begriff wird eben nur in der Nicht-Bewegung gefaßt und wirklich gedacht. Man kann etwa sagen: das hier Gemeinte sei der vollkommene Geist als *reines* Selbst, in völliger Selbstentschlagung, absolutem Nichtwissen seiner selbst, wo er also (wenn Wissen dem Sein entgegengesetzt wird) gleichsam das reinste, aber eben darum auch unnahbarste Sein ist, das der Sitz der reinsten Aseität ist, das Sein, dem der Verstand nichts abgewinnen kann, das er nur ausspricht, indem er *schweigt*, und nur erkennt, indem er es nicht erkennen will. Denn es wird nicht erkannt wie der Gegenstand in anderem Erkennen, indem man aus sich herausgeht, sondern vielmehr im *an*-sich-Halten, im selbst-still-Stehen, und wenn man einer gewissen Klasse von indischen Braminen, unter deren Übungen, durch welche sie der höchsten Kontemplation oder Beschaulichkeit sich fähig zu machen suchen, auch eine besondere Praxis hinsichtlich des Atem- Einziehens oder an-sich-Haltens vorkommt, wenn man diesen Braminen oder ihren Vorgängern eine Kenntnis der Idee, welche hier entwickelt werden soll, zuschreiben wollte, so müßte man eben annehmen, daß die Erfinder dieser vielleicht jetzt gedankenlos ausgeübten Praxis damit nur die Art anzeigen wollten, wie man sich jenes Tiefsten und Innersten und gleichsam Abgeschiedensten in der Gottheit versichere, das in der Tat nicht in einer Expansion oder Exspiration, sondern nur in der höchsten Attraktion (Zurückziehung) und gleichsam einer absoluten Inspiration des Denkens gefunden und gewissermaßen *empfunden* wird. Doch eben dies erinnert uns, daß es sich nicht ziemt viele Worte darüber zu machen; man kann jedem nur die Anleitung dazu geben, übrigens muß es ihm selbst überlassen bleiben, sich des Geistes in seinem reinen *an* sich Sein zu versichern.

Der vollkommene Geist ist aber nicht bloß der an sich seiende (denn er ist Allheit); er ist 2. der *für sich selbst* seiende Geist.

Eh' ein Wesen für sich, d.h. als Objekt von sich selbst, da ist, muß es an sich da sein. Der *für* sich selbst seiende, d.h. der als Objekt von sich seiende Geist setzt den an sich seienden Geist voraus. Er ist der *für* sich seiende Geist heißt eben: er ist der für sich als den an sich seienden – seiende.

Wie der *an* sich seiende Geist nur *für sich* ist, so ist der für sich selbst seiende Geist nicht an sich. Er ist vielmehr der außer sich, von sich weg seiende Geist. Wenn der Geist als der *an* sich seiende das absolut Innerliche, Verborgene und gleichsam Unsichtbare seiner selbst ist, so ist eben dieser, als der für sich (d.h. für den an sich seienden) – seiende, das Äußere, relativ gleichsam Sichtbare des Geistes.

Es ist leicht einzusehen, daß in dieser *Gestalt* des Geistes, wie wir sie nennen mögen, kein *eigner Wille* ist. Die Natur des *für* sich seienden Geistes ist eben nur, für *sich*, d.h. für den an sich seienden zu sein, sich diesem ganz zu *geben*. Sowie wir von der andern Seite sagen können, die Natur des an *sich* seienden Geistes sei, nur derjenige zu sein, für den der andere da ist. Einer vergißt sich gleichsam im andern. Keiner von beiden ist, sozusagen, um seiner selbst willen: der *an* sich seiende ist nur, um sich als den *für* sich seienden zu haben, der *für* sich (also nicht an sich) seiende ist nur, um sich diesem (dem an sich seienden) zu geben. Es ist leicht einzusehen, daß, wenn man unter dem Sein bloß das sich gebende, das offenbare, das außer sich, von sich weggehende Sein versteht, daß alsdann der *für* sich seiende Geist der rein *seiende* ist, und in dem gar nichts von einem nicht- Sein ist. Er ist, der *ganz* und bloß Sein ist. Bleibt man bei dieser Bedeutung des Seins stehen, so folgt, daß in demselben Sinn der an sich seiende Geist eine absolute Enthaltung von dem Sein, eitel nicht Sein ist, aber das nicht *Sein* in diesem Sinn ist nur ein Sein in anderem Sinn; das Sein des an sich seienden Geistes ist nur das verborgene, das, wie wir früher sagten, ungegenständliche, das in sich selbst zurückgezogene, lediglich in sich seiende, bloß wesende Sein. Wir bedienten uns von dem an sich seienden Geist schon des Ausdrucks, er sei in absoluter Selbstentschlagung, d.h. eben in absoluter Enthaltung von dem Sein, nämlich dem äußeren Sein. Er ist in dieser, weil er nur *reines* Selbst, bloß *Er selbst*, gleichsam ein Subjekt ohne alles Prädikat ist. Eben diese reine Selbstheit stellt sich als absolute Unselbstigkeit dar. Denn selbstig ist das Selbst, das sich geltend macht, sich ein Prädikat sucht oder verschaffen will. Die nämliche Unselbstigkeit, nur auf andere Art, ist aber in dem für sich seienden Geiste, indem er, selbst gleichsam ohne Selbst, sein Selbst in dem an sich Seienden hat, für den allein er da ist. Es ist eine vollkommene gegenseitige Selbstvergessenheit, wobei die eigne Wurzel eines jeden gar nicht in Betracht kommt. Auf beiden Seiten ist also eine völlig gleiche Reinheit und Unendlichkeit; denn der an sich und der *für* sich seiende Geist, jeder ist in sich unendlich, obgleich sie gegeneinander endlich sind, indem der eine nicht der andere ist.

Wir können nun aber auch bei dem Geist in seiner zweiten Gestalt als bloß für sich (und daher nicht *an* sich) seienden Geist *nicht* stehen bleiben. Denn in jeder von beiden Gestalten ist eine relative Negation dessen, was in der andern Gestalt gesetzt ist. Das Vollkommene ist erst erreicht, wenn das, was in beiden *getrennt*, in Einem – *vereinigt* ist. Der vollkommene Geist ist also 3. der im an sich oder Subjekt- Sein *für* sich seiende, der *als* Subjekt sich selbst Objekt seiende, so daß er – nicht wie zuvor in zwei getrennten Gestalten, in der einen nur *an* sich, in der andern nur *für* sich, in der einen *nur* Subjekt, in der andern *nur* Objekt, sondern in einer und derselben Gestalt, also unzertrennlicherweise, und ohne wirklich zwei sein zu können, Subjekt und Objekt ist, wie der menschliche Geist, indem er sich selbst bewußt ist und sich selbst *hat*, gewissermaßen zwei ist, Subjekt und Objekt, aber ohne *wirklich* zwei zu sein, indem er der Zweiheit unerachtet doch nur Einer bleibt, der *ganz* Subjekt und *ganz* Objekt ist, ohne Vermischung und ohne daß die zwei sich gegenseitig beschränkten oder trübten.

Die zwei anfangs getrennten, aber am Ende zusammentreffenden Bestimmungen, des bloßen *an* sich- und des bloßen *für* sich-Seins vereinigen sich im Begriffe des *bei* sich Seins. Das *bei* sich Seiende ist *nicht das notwendig* an sich Seiende, gar nicht von sich weg sein Könnende, und es ist ebensowenig das notwendig und *nur* von sich weg Seiende, gar nicht an sich sein Könnende (wie der Geist in seiner zweiten Gestalt), sondern es ist eben das, was von sich weg – *sein*, von sich weggehen, sich äußern kann, ohne darum weniger *an* sich zu sein, und das umgekehrt an sich ist, ohne darum weniger von sich weggehen zu können, wie der menschliche Geist. Die Folge ist also jetzt diese: der vollkommene Geist ist a) der nur *an* sich seiende Geist, b) der nur *für* sich seiende Geist, welcher abstrakt (d.h. ohne Bezug auf den *an* sich seienden) nur der außer sich seiende sein kann, weil er nicht für sich als sich, sondern nur für den an sich seienden da ist, c) der bei sich selbst seiende Geist, der sich selbst besitzende, und zwar der unverlierbar sich selbst besitzende Geist, denn Subjekt und Objekt sind in ihm unzertrennlich vereinigt. Wir müssen nun freilich sagen, dieser letzte sei der vollkommene Geist. Dies heißt aber nur so viel: in diesem letzten sei der Geist vollendet, erst wirklich der vollkommene Geist. Denn übrigens können wir doch nicht diese höchste Gestalt, oder den Geist in dieser Gestalt allein und losgetrennt von den andern setzen. Denn – 1. der Geist *kann* unmittelbar nur der *an* sich seiende sein, und erst in einer zweiten Gestalt der für sich seiende (denn, was für sich sein soll, muß erst *an* sich sein), und nur indem der Geist der *an* sich und der *für* sich seiende schon ist, ist er gleichsam genötigt, in einer dritten Gestalt zugleich der *an* sich seiende und der für sich seiende – als Subjekt Objekt und als Objekt Subjekt zu sein. Könnte er zurück, so würde er zunächst nur Objekt sein, oder wenn er *nichts* vor sich hätte, nur Subjekt; Subjekt und Objekt in Einem zu sein, ist ihm nur möglich, inwiefern ihm beides gewehrt ist, sowohl reines Subjekt als reines Objekt zu sein – jetzt bleibt ihm nichts übrig, als beides in Einem zu sein. 2. *Wäre* es auch eine Möglichkeit, den Geist *unmittelbar* zu setzen als das unzertrennliche Subjekt-Objekt, so wäre dann übrigens schlechterdings nichts mit ihm anzufangen, er müßte als solcher völlig stehen bleiben, und wäre daher gleichsam *machtlos*, eben weil Subjekt und Objekt in ihm unzertrennbar wären. Wir dürfen aber doch bei der gegenwärtigen Entwicklung nicht vergessen, daß, wenn von einem Herausgehen des vollkommenen Geistes aus sich selbst, also von einem *Sein* außer diesem Geist noch nicht die Rede ist, dennoch *in* dem vollkommenen Geist, das, was sein wird, oder, wie wir jetzt schon sagen dürfen, *der, der sein wird*, verborgen ist. Nun könnte aber der bei sich seiende Geist mit jener seiner unzertrennlichen Einheit gar nichts anfangen, er wäre für *sich* völlig impotent. – Der vollkommene Geist ist nur der an keine einzelne Form des Seins gebundene, der nicht *Eines* sein muß. Dies erst vollendet den Begriff des absolut freien Geistes. Nun haben wir Eine Art des Seins (nämlich das bloß wesende) erkannt in der ersten Gestalt, eine andere Art des Seins (nämlich die des außer sich seienden) in der zweiten Gestalt, in der dritten werden wir auch nur eine *Art* des Seins erkennen. Der absolut freie Geist kann also auch an *diese* nicht gebunden sein, weil sie, obwohl die höchste, doch nur Eine Art des Seins ist. Wir werden zwar, um die Art dieses Seins näher zu bezeichnen, mit Recht sagen: der Geist in der dritten Gestalt sei der als solcher seiende Geist. Denn in der ersten Gestalt, da er der bloß *an* sich seiende ist, kann er eben darum nicht der *als* solcher seiende sein, denn dieses »als« drückt immer eine Hinaussetzung, eine Herfürstellung aus; wie man zu sagen pflegt: er hat sich *als* dieser herausgestellt oder gezeigt; in dem *als*, z.B. in dem als A sein – liegt also immer nicht das bloße A *sein*, sondern das *als* A erkannt oder erkennbar werden. Von dem allen ist aber in dem bloßen *an* sich Sein das Gegenteil. Das bloße An-sich tritt vielmehr in die Tiefe zurück, es ist gerade das Unerkannte oder das rein im nicht Erkennen Erkennbare. Das Wort Sein mit *als* verbunden bedeutet immer gegenständliches Sein. Der bloß an sich seiende Geist ist also der nicht – *als* solcher seiende (ein wegen der Folge sehr wichtiger Satz). Ferner der bloß gegenständlich seiende Geist (die zweite Gestalt) ist nicht bloß der nicht als *solcher*, sondern sogar der *nicht* = als solcher (denn er ist der außer sich seiende Geist). Der Geist in der dritten Gestalt ist erst der als solcher seiende Geist. Dieser ist zugleich der nicht nicht Geist sein könnende. Aber eben darum ist auch er der an eine Form, oder an eine Art des Seins *gebundene* – d.h. er ist nicht der absolute Geist; denn der absolute Geist geht über jede Art des Seins hinaus, er ist das, was er will. Der absolute Geist ist der auch von sich selbst, von seinem *als* Geist Sein wieder freie Geist; ihm ist auch das *als*-Geist-Sein nur wieder eine Art oder Weise des Seins; – dies – auch an sich selbst nicht gebunden zu sein, gibt ihm erst jene absolute, jene transzendente, überschwengliche Freiheit, deren Gedanke, wie ich in einer früheren Folge von Vorlesungen einmal mich ausdrückte – deren Gedanke erst alle Gefäße unseres Denkens und Erkennens so ausdehnt, daß wir fühlen, wir *sind* nun bei dem Höchsten, wir haben dasjenige erreicht, worüber nichts Höheres gedacht werden kann. – – Freiheit ist unser Höchstes, unsere Gottheit, diese wollen wir als letzte Ursache aller Dinge. Wir wollen selbst den vollkommenen Geist nicht, wenn wir ihn nicht zugleich als den absolut freien erlangen können: oder vielmehr, der vollkommene Geist ist uns nur der, welcher zugleich der absolut freie ist.

Also der vollkommene Geist wäre nicht der vollkommene, wenn er bloß der als solcher seiende, d.h. wenn er bloß jene dritte Gestalt, wäre. Der vollkommene Geist ist über allen Arten des Seins – er geht über jede, auch die höchste, hinaus. Darin eben besteht seine absolute Transzendenz.

Der vollkommene Geist ist daher nur der, welcher 1. der *an* sich seiende Geist, 2. der für sich seiende Geist, 3. der *im An-sich* für sich seiende Geist ist. Schon darin, daß wir *diesen* auch erklärt haben für den *als solchen* seienden Geist – schon darin liegt es, daß erst mit dieser Bestimmung das *wahre* Ende, also auch der vollendete Geist erreicht ist. Denn das wahre

Ende ist immer nur erreicht, wenn der Anfang von seiner Negativität befreit, aus sich selbst herausgebracht und objektiv gesetzt ist. Nun ist der Geist in seiner dritten Gestalt wieder der an *sich* seiende Geist, nur der *im* an-sich-Sein zugleich für sich seiende Geist. Also diese dritte Gestalt ist nur der aus der Subjektivität herausgebrachte, objektiv gesetzte Anfang; der als solcher seiende Geist ist nur das *über* sich selbst gehobene, nur das hinausgesetzte Tiefste.

Der sich selbst besitzende Geist ist wieder, was der Anfang ist, nämlich der *an* sich seiende Geist, nur als der zugleich *für* sich seiende. Die Momente der Bewegung, in der jedes Wesen sich vollendet, also auch die Momente des sich-Vollendens des Geistes sind: 1. reines *an sich* sein, 2. von sich hinweggehen – *außer* sich sein, 3. in sich selbst zurückkehren, sich als reines Selbst wieder gewinnen, sich selbst besitzen. Nur was aus sich selbst gekommen, kann *zu* sich kommen, und *hat* nun erst wahrhaft und wirklich sich selbst. Derselbe Geist, der in der ersten Gestalt reines, sich selbst nicht wissendes *An*-sich ist, geht in der zweiten *aus* sich, aber eben dadurch (also *durch* diese zweite als die vermittelnde) in sich, und ist nun erst vollendeter Geist. Nur durch Wiedereinkehr in sich selbst kann ein Wesen sich selbst besitzendes sein, und nur im sich-selbst-Besitzen ist es vollendet.

Der Geist in seinem *an*-sich-Sein ist das reine Zentrum, reines Subjekt ohne alle Äußerlichkeit, der Geist in seinem für-sich- (als Objekt-) Sein ist exzentrisch oder peripherisch, der *im* an-sich-Sein für sich seiende, und daher auch umgekehrt im *für*-sich-(oder im Objekt-) Sein an sich seiende Geist ist das exzentrisch gesetzte Zentrum, oder umgekehrt das als Zentrum gesetzte Exzentrische oder Peripherische. Und so hätte ich *Sie* denn, indem mit der dritten Gestalt der Geist vollendet ist, auf die einfachste und, wie ich hoffe, vollkommen deutliche Weise in der Tat zu der höchsten Idee der Philosophie geleitet. Es bleibt mir nur übrig einige Erläuterungen hinzuzufügen.

Die *erste* schließt sich unmittelbar an das eben Gesagte an. Denn wir haben auch jetzt wieder – in dem vollkommenen Geist – Anfang und Ende unterschieden. – In der Tat *ohne* Anfang und ohne Ende sein ist nur Unvollkommenheit, nicht, wie man sich vorstellt, Vollkommenheit. Ein Geisteswerk z.B., das weder Anfang noch Ende hat, ist gewiß ein unvollkommenes. Das Vollkommene ist das in sich Geendete, und zwar das nach allen Richtungen Geendete, sowohl indem es einen wahren Anfang, als indem es ein vollkommenes Ende hat. Wenn daher die Theologen unter die höchsten Vollkommenheiten Gottes diese setzen, daß er ohne Anfang und Ende sei, so darf dies nicht als eine absolute Negation verstanden werden. Der *wahre* Sinn (wie ich schon in einem früheren Vortrag Philosophie der Mythologie, II, II, 42. 43. A. d. O bemerkt habe) kann nur dieser sein, daß Gott ohne Anfang seines Anfangs und ohne Ende seines Endes sei, daß sein Anfang selbst nicht angefangen habe, und sein Ende nicht ende, d.h. nicht aufhöre Ende zu sein, daß jener ein ewiger Anfang, dieses ein ewiges Ende sei. So ist also der Geist in seinem bloßen an-sich-Sein der ewige Anfang, der Geist in seinem als-solcher-Sein das ewige Ende seiner selbst, und nur dadurch, daß er der Anfang und das Ende ist, der vollkommene Geist.

Obwohl wir nun aber – und dies ist eine *zweite* notwendige Erläuterung – obwohl wir in dem vollkommenen Geist Anfang und Ende (wo beide sind, versteht sich das Mittel schon von selbst) gesetzt haben, so müssen wir nichtsdestoweniger bemerken, daß dies nicht so zu verstehen ist, als ob in ihm etwas vorausgehe und etwas folge; vielmehr müssen wir sagen: es sei in ihm nil prius, nil posterius – nämlich der Anfang ist *mit* dem Ende und das Ende mit dem Anfang gesetzt. Der vollkommene Geist ist nicht so zu denken, als würde er aus den drei Gestalten sukzessiv zusammengesetzt, als wäre er *zuerst* der an sich seiende, dann der für sich-, und zuletzt der *im An-sich* für sich seiende. So verhält es sich nicht, sondern, weil keine der drei Gestalten ohne die andere etwas ist, so ist wie mit einem Zauberschlag – wie im Nu oder im Blitz – das Ganze gesetzt. Dies verhindert nicht, daß *innerhalb* dieses magischen Kreises Anfang, Mittel und Ende sei. Der Anfang darf nur nicht vor und außer dem Ende, das Ende nicht vor und außer dem Anfang, aber zugleich mit dem Ende darf der Anfang und zugleich mit dem Anfang das Ende gedacht werden.

Hieran knüpft sich eine *dritte* notwendige Erläuterung – diese: daß der vollkommene Geist nicht etwa als ein Viertes – außer den Dreien noch *besonders* vorhandenes – gedacht werden darf. Der Geist ist auf keine Weise außer den Dreien, er ist gar nichts anderes als die drei Gestalten, sowie diese nichts anderes sind als eben der Geist selbst. Wenn wir die drei Gestalten, versteht sich nicht einzeln, sondern in ihrer notwendigen und, wie wir bald hören werden, unauflöslichen Verkettung denken, so denken wir den Geist, und hinwiederum denken wir den vollkommenen Geist, so denken wir ihn als die drei Gestalten. Er ist in jeder von diesen der *ganze* Geist, es ist nicht etwa so, daß ein Teil von ihm in der einen und ein anderer Teil in der andern wäre – er ist in jeder der ganze, und dennoch ist er in keiner von ihnen für sich, er ist notwendig die Allheit.

An diese Bemerkung schließt sich nun eine letzte (*vierte*) Erläuterung. Nämlich: nicht darum, weil er nun eben die drei Gestalten ist, ist er der vollkommene Geist, sondern umgekehrt, weil er an *sich* oder seiner Natur nach der vollkommene Geist ist, nur darum *ist* er die drei Gestalten; dies ist also nicht eine Zufälligkeit, sondern es ist die Natur des vollkommenen Geistes, nur als die Drei zu sein. Es ist nicht eine *materielle* Notwendigkeit, daß der Geist die drei Gestalten ist, die Allheit entsteht nicht durch ein materielles Hinzufügen der einen Gestalt zu der andern, sondern es ist eine geistige Notwendigkeit, oder – wenn *Sie* dies etwa besser verstehen sollten – eine Begriffsnotwendigkeit, daß der Geist die drei Gestalten ist. – *Sie* können sich diese Begriffsnotwendigkeit etwa auf folgende Art verdeutlichen. Die Allheit ist dergestalt notwendig, daß, wenn ich etwa eine oder zwei Gestalten, z.B. die erste und die zweite, hinwegnehmen oder hinwegdenken wollte, so würde die dritte für sich, wenn sie nur übrigens als Geist bestimmt wäre, wieder das Ganze sein. Das ist erst der *wahre*, der unzerstörbare Geist, wo jeder Teil, wenn er getrennt werden könnte, wieder zum Ganzen werden müßte, wo die Notwendigkeit, *Ganzes* zu sein, auch dem Einzelnen auferlegt ist, wie ich z.B. aus dem Komplex von Fähigkeiten oder Vermögen des menschlichen Geistes keine einzelne herausnehmen könnte, ohne daß sie das Ganze mit sich nähme und unmittelbar wieder das Ganze wäre. Wahrer Geist ist das, was *immer* Ganzes sein muß – nicht sowohl, was keine Teile hat, als, was nicht in Teile zertrennt werden kann, weil der Teil immer und notwendig wieder das Ganze sein würde.

Nicht eine Erläuterung, sondern eine unmittelbare *Folge* dieser ganzen Entwicklung ist nun diese, daß der vollkommene Geist weder in der einen noch in der andern Gestalt für sich bestehen kann, oder umgekehrt ausgedrückt, keine Gestalt für sich der vollkommene Geist ist, sondern nur, sofern sie auch die andern begreift. Selbst die dritte Gestalt für sich, obgleich die höchste, und obgleich die des als solchen seienden Geistes, wäre doch für sich nicht der vollkommene, der absolut freie Geist. Hieraus ergibt sich also als letzte Bestimmung: der vollkommene Geist ist notwendig der all-einige Geist, der *all*-einige, weil er nicht bloß Eines (unum quid), und auch nicht das abstrakte Eine, sondern eine wahre lebendige Allheit ist; der all- *einige*, weil er als der Geist doch nur Einer; und weil er nicht die zufällige, sondern die notwendige Einheit dieser Allheit ist, *darum* ist er der all-einige.

In der ganzen letzten Entwicklung war nun aber, wie *Sie* gesehen, nirgends von einem Sein außer dem Geist die Rede, ja es zeigte sich nicht einmal die Spur, der Verdacht eines solchen Seins. Überall haben wir den Geist nur erkannt als den absolut in sich seienden, völlig *hinein-*, nämlich nur gegen sich selbst gewendeten, in sich beschlossenen und vollendeten, nichts außer sich bedürfenden Geist. Er ist der durch sich selbst, durch seine Natur Einsame (solitarius), für den es noch gar kein *Außer*-ihm gibt, der von allem, was *außer* ihm gedacht werden könnte, los, ledig und frei, auch in *diesem* Sinn der *absolute* ist; denn absolut sein heißt dem Sprachgebrauch gemäß auch: ganz frei von jeder Beziehung oder Verbindung sein. Als solche rein gegenwärtige, auf nichts Zukünftiges deutende, ganz in sich beschlossene Wirklichkeit haben wir also zwar den Geist dargestellt. Aber wir haben doch zugleich auch erklärt, in dem Geist sei das Zukünftige, das, was sein wird, verborgen. Wie nun aber dieses Zukünftige zunächst als ein Mögliches sich zeige oder hervortrete, und wie der Geist in dieser Beziehung nun auch als Freiheit, zu *sein* (nicht bloß als Freiheit, *nicht* zu sein) – nämlich als Freiheit, *außer* sich zu existieren, *sich* außer *sich* darzustellen, ein Sein außer sich zu setzen, erscheine, dies zu zeigen ist unsere nächste Aufgabe. Als der bloß vollkommene Geist könnte er auch der an sich gebundene und unbewegliche sein.

Als Geist, der nicht mehr bloß *Freiheit* ist, nicht zu sein, der auch Freiheit ist, zu *sein*, als dieser Geist begriffen, erscheint er nicht bloß als der vollkommene, sondern als der *lebendige* Geist, wirklich als *der, der sein wird.*

Dreizehnte Vorlesung

Der vollkommene Geist ist absolute Wirklichkeit, *vor* aller Möglichkeit – Wirklichkeit, der *keine* Möglichkeit vorhergeht. In ihm selbst ist alles Er selbst. Z.B. wenn wir von der ersten Gestalt des Seins in ihm abstrakt redeten, könnten wir es *das* an sich Seiende nennen, aber dies ist unrecht geredet, es ist nicht unbestimmt *das* an sich Seiende, sondern es ist der an *sich* seiende Geist, und also wie *dieser* vollkommene Wirklichkeit. Um zu verstehen, was ich damit ausdrücken will, bitte ich *Sie* folgendes zu bedenken. *Das* an sich Seiende könnte zwar das an sich Seiende sein, jetzt nämlich, und sofern es sich nicht bewegte, nicht aber so, daß es nicht auch das Gegenteil davon sein könnte. Von dem so gedachten müßte man also sagen: es ist das an sich Seiende, und ist es auch nicht, es *ist* es, aber nicht *entschieden*, nicht ohne Möglichkeit des Gegenteils, also (wie ich bei einer früheren Gelegenheit erklärt habe) es ist selbst nur potentieller Weise das an sich Seiende, weil es potentiell oder der Möglichkeit nach auch das nicht an sich Seiende ist. Aber der vollkommene Geist ist die Wirklichkeit, die aller Möglichkeit zuvorkommt. In dem vollkommenen Geist ist das an sich Seiende Er selbst, es nimmt an der Wirklichkeit seines unvordenklichen Existierens teil, und ist daher wie Er selbst entschiedene Wirklichkeit. Dasselbe gilt von der zweiten Gestalt (dem für sich seienden Geist) und von der dritten – dem *als* solcher *seienden* Geiste, der nicht mehr das bloße *An*-sich, sondern das für sich seiende An-sich ist.

Gesetzt es ginge dem Sein des vollkommenen Geistes die *Möglichkeit* eines *anderen* Seins voraus, so wäre dieser Geist in der Tat weder absolut noch ursprünglich. Nicht absolut; denn alsdann würde er nur sein vermöge einer Entscheidung für *dieses* Sein, er wäre nicht ohne jenes andere Sein ausgeschlossen, d.h. ohne es vorausgesetzt zu haben. Es wäre gleichsam zweierlei Sein möglich gewesen, das nun in ihm gesetzte, und das andere. Aber das Entgegengesetzte war nie möglich, weil der vollkommene Geist nie nicht seiend war, sondern *Ist*, eh' von einer Möglichkeit die Rede ist. Ebenso – wäre für den vollkommenen Geist seine eigne Möglichkeit, die Möglichkeit seines *gegenwärtigen* (des in ihm nun gesetzten) Seins seiner Wirklichkeit vorausgegangen, so wäre er nicht wahrhaft *ursprünglich*. Denn, wie dies schon früher erläutert worden, ursprünglich (original) nennen wir niemals, was schon als ein Mögliches voraus begriffen worden, eh' es wirklich wurde. Original nennt man nur etwas, wovon man erst einen Begriff erhält, dadurch daß es wirklich ist, also das, wo die Wirklichkeit der Möglichkeit zuvorkommt. Also – um jetzt auf unsern Satz zurückzukehren – in Gott ist alles Wirklichkeit, alles Er selbst, und Sie werden nun verstehen, was ich früher sagte: die Potenzen sind in dem absoluten Geist nicht *als* Potenzen, sondern als = Er selbst. – – Nichts verhindert aber, daß *nach der Hand*, post actum, d.h. so wie jener Geist da ist, also *von* Ewigkeit (denn er ist eine ewige Idee, oder der Idee, der Natur nach ewig, d.h. er ist nicht eben ewig in dem Sinn, wie man dies gewöhnlich nimmt, daß er von unendlicher Zeit her ist, sondern er ist *so* ewig, daß er immer, und wann er ist, nur ewig – ewigerweise – ist) nichts verhindert also, daß *post actum*, d.h. nachdem jener Geist da ist, von seiner ewigen – und aller Möglichkeit *zuvorkommenden* Wirklichkeit an – daß von da an ihm an seinem eignen Sein sich die Möglichkeit eines *anderen*, also nicht ewigen Seins *zeige* und *darstelle*. Ich sage, daß diese Möglichkeit sich ihm darstelle. Denn *gesetzt* wird sie eigentlich nicht, gesetzt ist vielmehr das Gegenteil dieser Möglichkeit, sie selbst *zeigt* sich ihm nur, und erscheint eben auch dadurch als das – nur *nicht Auszuschließende*, von selbst, d.h. ohne seinen Willen sich Einstellende, Einfindende, als die eigentlich Nichts ist, wenn er sie nicht will, und nur Etwas ist, *wenn er sie will*. Nun entsteht aber natürlich die Frage: *was* ist diese Möglichkeit, oder vielmehr: was ist das andere Sein, von dem sich ihm die Möglichkeit zeigt? Hierüber Folgendes. – Es ist nicht zu leugnen, daß im nicht Seienden oder im bloßen Wesen auch die Möglichkeit eines Seins liegt, das es für sich haben könnte, diese zeigt sich nur nicht an ihm vor dem Aktus des unvordenklichen Seins, aber nichts verhindert, daß diese Möglichkeit eines anderen Seins, eines über das Wesen hinausgehenden Seins, sich dem vollkommenen Geist, sowie er Ist, gleichsam vorstelle oder sichtbar mache. Wenn nun das Wesen, auf dem die ganze Einheit ruht, das eigentlich die *Ruhe*, aber eben darum auch das mögliche bewegende Prinzip des Ganzen ist – wenn das bloße Wesen aus dieser Tiefe sich wirklich erhöbe, so würde dadurch zwar die Einheit nicht absolut zerstört, denn der vollkommene Geist ist nicht bloß zufälliger-, nicht bloß materiellerweise, nicht dem bloßen *Sein* nach, sondern er ist seiner Natur nach, er ist – wie wir gezeigt haben – eine übermaterielle, geistige und eben darum unzerreißbare Einheit, die ihm nicht erlaubt, das eine ohne das andere (eine Gestalt ohne die andere) zu sein, aber eben weil die Einheit nicht sich auflösen oder zerstören, die Gestalten des Einen nicht absolut auseinander gehen könnten, so würde, wenn jene Möglichkeit, die sich post actum am Wesen zeigt – wenn diese – was ohne göttlichen Willen übrigens nicht geschehen könnte; es könnte immer nur der vollkommene Geist selbst sein, der sein Sein auf diese Weise veränderte oder verstellte – wenn diese Möglichkeit aus ihrem Nichts sich erhöbe, würde eine durch das Ganze gehende Spannung gesetzt, und die Potentialität, die in der ersten Gestalt hervorgetreten wäre, würde sich auf alle fortpflanzen, ja es würde, schon eh' es zur wirklichen Erhebung jenes Prinzips käme, schon indem sich die Potentialität (die Möglichkeit eines anderen Seins) an ihm nur *zeigte*, eine *mittelbare* Potentialisierung aller andern entstehen; also eben die, welche bis dahin nur Gestalten des absoluten Geistes und = *Er selbst* waren, würden als Möglichkeiten eines anderen, von seinem ewigen Sein, d.h. von seinem Sein im Begriff, verschiedenen Seins erscheinen. Das Wesen würde sich zur *ersten* Potenz umkehren, zur unmittelbaren Möglichkeit eines anderen Seins, also zur Potenz, die dem Sein am nächsten ist, es würde als das unmittelbar Seinkönnende, als das Seinkönnende der ersten Stufe, der ersten Möglichkeit oder (wie wir jetzt auch sagen können) Potenz erscheinen. Aber dieses nicht Seiende war dem rein Seienden *Subjekt, es* war das, dem jenes rein Seiende *war*. Aber in diesem erst ganz hinein- und ihm zu-Gewendeten, das nur ihm Potenz war – wenn es jetzt Potenz von sich selbst (Seinkönnendes seiner selbst) wird, kann es nicht mehr *sein* Subjekt, also sich erkennen, es tritt also in seine eigne Selbstheit zurück, d.h. es bekommt ebenfalls eine Potenz in sich – was *Sie* auch auf folgende leichter zu fassende Art einsehen können.

Das rein Seiende war das gerade ausgehende – nicht auf sich selbst zurückgehende, es war, wie wir uns ausdrückten, das nur sich *gebende*, ganz *hingegeben* und sich gebend eben dem, welches selbst alles eignen Seins bloß und ledig ist; aber diese gegenseitige Annehmlichkeit zwischen beiden ist sofort aufgehoben, wenn das Wesen selbstseiendes wird, das rein Seiende ist: also genötigt *in* sich selbst, in sein eignes Selbst zurückzutreten, es ist als das *rein* Seiende negiert, gehemmt, also nicht mehr das *rein* Seiende, denn das *rein* Seiende ist das potenzlos Seiende – in ihm ist aber jetzt eine Negation, eine Hemmung, d.h. ein Nichtsein, eingetreten. Da es aber darum doch nicht aufhört seiner Natur nach das *rein* Seiende zu sein, so wird es durch eben diese Potentialisierung (dadurch daß es in statum potentiae gesetzt wird) wird es – nicht etwa nun frei zu wirken oder nicht zu wirken, sondern es muß wirken, es kann gar nicht anders als *streben*, sich in das *reine* Sein wiederherzustellen, und da dies nicht geschehen kann, es sei denn das, was sich ihm als Subjekt entzogen, ihm wieder zum Subjekt geworden, in sein ursprüngliches Nichts oder An-sich zurück überwunden, so kann es gar nicht anders als streben, das aus sich herausgetretene An-sich, das seiend gewordene nicht Seiende zu überwinden, um dadurch sich selbst zu dem, was es ursprünglich war, zum *rein* Seienden wiederherzustellen. Und so erscheint denn – auch vorläufig schon, und eh' es zur wirklichen Erhebung des nicht Seienden kommt, schon indem dieses nur noch als das auf solche Weise sein *könnende* sich zeigt – schon hier, sage ich, erscheint das rein Seiende als das *mittelbar* Seinkönnende, das nämlich eines eignen Seins (denn davon ist hier die Rede) nur dadurch fähig ist, daß es von einem anderen in statum potentiae gesetzt wird. Auch in diesem tritt also eine *mittelbare* Potentialität hervor. Denkt man sich die Spannung als wirklich eingetreten, so wird das rein Seiende in dieser Spannung nur noch als das *sein*, d.h. als das wirken *Müssende* erscheinen (weil es nicht frei ist zu wirken oder nicht zu wirken, sondern seiner Natur nach gar nichts anders sein kann als der Wille, seinen Gegensatz zu überwinden). Indem es in potentiam gesetzt wird, *zeigt* sich, daß es seiner *Natur* nach actus purus ist, dem die Potenz fremd ist, und daß es daher alles tut, seiner Potenz los zu werden, also das *wieder* zu negieren, wovon es negiert ist. In eine noch tiefere Negation tritt aber der Geist zurück, welcher das im Sein nicht Seiende war. Denn auch dieser, wenn es zu der

Spannung käme, würde aus dem Sein gesetzt, das er in der *Einheit* hat; auch er erscheint also, sowie nur jene Möglichkeit an dem nicht Seienden sich hervortut, als Möglichkeit, Potenz eines anderen, eines zukünftigen Seins, als ein Seinkönnendes, das aber noch weiter entfernt ist vom Sein als das rein Seiende, indem es gar nicht *unmittelbar* wie dieses *wirken*, nicht sich selbst proprio actu in das Sein wiederherstellen kann, sondern erst dann in das Sein wieder eingesetzt würde, wenn das aus seinem An-sich herausgetretene Seinkönnende durch das Seinmüssende in sein An- sich zurück überwunden wieder zum Setzenden von ihm – dem Geist – geworden wäre. Dieses entfernteste Verhältnis zum Sein wird ausgedrückt durch den 'Begriff des bloß sein *Sollenden*. Das bloß sein *Sollende* ist soweit auch ein nicht seiendes, aber das entfernteste vom Sein. Denn im Begriff des sein *Sollenden* liegt schon, daß es nicht ein selbstwirkendes ist, daß es also, einmal aus dem Sein gesetzt, seine Wiederherstellung in das Sein von der Wirkung einer anderen Potenz erwartet (daß sie ihm nur vermittelt wird). Demnach würden nun (aber, wohl zu merken, erst hintennach, post actum) das nicht Seiende, das rein Seiende und das im nicht Sein Seiende – die *drei* Gestalten würden sich jetzt ihm (dem absoluten Geist) als ebenso viele Potenzen eines künftigen Seins darstellen. Die erste wäre die *unmittelbare* Potenz eines anderen, eines zufälligen Seins, das *unmittelbar* Seinkönnende, das Seinkönnende der ersten Potenz, also, wenn wir den Begriff des Seinkönnens durch A bezeichnen, A1; die andere wäre das Seinkönnende der zweiten Ordnung = A2 die dritte das Seinkönnende der dritten = A3. Da sich uns für die bloß mittelbaren Potenzen inzwischen eigne Ausdrücke ergeben haben, so brauchen wir von der ersten nicht mehr zu sagen, sie sei das *unmittelbar* Seinkönnende, sondern eben, sie sei *das* Seinkönnende, und die Folge von Potenzen, wie sie dem absoluten Geist sich in ihm selbst darstellt, ist daher diese: 1. das Seinkönnende, 2. das Seinmüssende, 3. das Seinsollende. Hierin sind alle möglichen Verhältnisse des noch nicht Seienden zu dem künftig Seienden, wir können eben damit zugleich sagen: alle Urkategorien des Seins begriffen. Sie haben also nun gesehen, wie das, was im vollkommenen Geist = Er selbst war, sich zu Potenzen eines anderen und künftigen Seins umwenden kann.

Den Anlaß aber zu dieser allgemeinen Potentialisierung oder zu dieser Erscheinung von Potenzen eines (noch nicht seienden) Seins in dem absoluten Geiste – den Anlaß zu dieser *allgemeinen* Erscheinung gibt ursprünglich nur die an dem Wesen hervortretende oder sich zeigende Möglichkeit. Diese Möglichkeit war vor dem Sein des vollkommenen Geistes auf keine Weise da, sie tritt erst nachher hervor als das Unversehene (Unvorhergesehene), gleichsam Unerwartete (auch dies, wie überhaupt nichts, sage ich umsonst – eben diese Potenz wird sich uns in der Folge wiederholt darstellen als das Unversehene, Plötzliche), sie ist das nicht *Gewollte*, denn sie tritt von selbst hervor, ohne Willen des Geistes; aber, obwohl das zuvor nicht Gesehene, erscheint sie doch nicht als ein *ungern* Gesehenes, als ein invisum in diesem Sinn, sondern im Gegenteil als ein *Willkommenes*. Denn indem sie dem absoluten Geist das Sein zeigt oder vorstellt, das er annehmen könnte, wenn er wollte, das also nichts ist und nie *mehr* als *bloße* Möglichkeit sein würde, wenn er es *nicht* wollte – indem sie also dem vollkommenen Geist etwas zeigt, das er wollen könnte – und zwar etwas eigentlich zu Wollendes – nämlich ein bloßes sein und nicht sein Könnendes, Zufälliges (nur ein *solches* kann eigentlich gewollt werden), indem sie also dem vollkommenen Geist einen solchen Gegenstand eines möglichen Wollens zeigt, wird er sich als Wille, als der wollen kann, inne, und diese *Erscheinung* (denn mehr ist es nicht) es ist noch keine Realität, es ist eine bloße Erscheinung *in* dem vollkommenen Geist, diese Erscheinung der ersten Möglichkeit eines von ihm selbst verschiedenen Seins setzt ihn zuerst in Freiheit gegen die Notwendigkeit seines unvordenklichen Seins, das er nicht sich selbst gegeben hat, in dem er also nicht mit Freiheit oder mit Willen ist, jene Erscheinung gibt ihn also zuerst sich selbst, indem sie ihn von jener *heiligen* zwar und übernatürlichen, aber unverbrüchlichen Ananke befreit, in deren Armen er gleichsam zuerst empfangen worden, und bis zu diesem – obwohl ohne Zwischenzeit eintretenden – der Ewigkeit unmittelbar folgenden – Moment gelegen hatte. Wir müssen uns nämlich jetzt eine frühere Unterscheidung zurückrufen. Der vollkommene Geist ist actu purissimo – in einem sein Gegenteil, daß ich so sage, nicht kennenden, alles Konträre, alles nicht Sein verzehrenden und zum Sein machenden Sein – in diesem *verzehrenden* Sein ist der Geist actu purissimo das Wesen, das rein Seiende und das als Wesen Seiende. *Hier* wird also ein *Einssein* (ich bitte *Sie* dies wohl zu merken) – es wird ein *Einssein* der drei Gestalten in ihm gesetzt, *aber* er ist nicht dem bloßen *Sein* nach, er ist seiner Natur nach, also er ist *an sich* der all-einige, so daß er, um uns so auszudrücken, es sein würde, wenn er es auch nicht *wirklich*, nicht im Sein wäre, und nicht aufhören könnte es zu sein, wenn auch jener actus purissimus seines Seins unterbrochen – ja durch ein hervortretendes Konträres, durch eine irgendwie eingetretene Spannung aufgehoben würde. Nun sehen *Sie*, eben *davon* ist jetzt die Rede. Indem jenes andere Sein ihm als ein *mögliches* gezeigt wird – *dadurch* eben wird er sich inne als der nicht bloß im Sein, nicht bloß materiell, sondern als der geistig, als der übermateriell All-Einige – und indem er sich als diesen *geistig* (d.h. auch unabhängig von aller materiellen All-Einigkeit) – All-Einigen sieht, wird er eigentlich erst *sich* als *sich*, als den wahrhaft *absoluten* und an nichts (an kein Sein – auch nicht an sein eignes) gebundenen Geist inne, als den, der der All-Einige auch bleibt in der Zertrennung der Potenzen, und der daher absolut gleichgültig ist gegen die zwei Möglichkeiten, in dem ursprünglichen – spannungslosen – Sein zu bleiben, oder in jenes gespannte und in sich selbst konträre Sein hervorzutreten. Er wird sich inne als der *in der Zertrennung selbst* nicht Zertrennbare, unüberwindlich Eine, der eben darum, und *nur darum*, frei ist, die Zertrennung zu setzen. Es verschlägt ihm nichts, dem *Sein* nach *Einheit* oder *Spannung* zu sein, denn Er selbst wird dadurch nicht verändert, es ist nur eine andere Form der Existenz, denn er existiert in der Spannung ebensowohl, nur auf andre Weise, als in der Einheit. Da aber ist erst die wahre Freiheit, z.B. für mich selbst, wo es mir nichts verschlägt, sondern in Ansehung meiner selbst vollkommen gleichgültig ist (ich sage: in Ansehung meiner selbst, denn in andern Rücksichten braucht es mir nicht gleichgültig zu sein), wahre Freiheit erkenne ich erst da, wo es mir in Ansehung meiner selbst gleichgültig sein kann, so oder so zu sein, so oder so zu handeln. Hier also erst ist Seiendes, das Ist = schlechthin freier Geist = Gott. Hier erst ist der vollkommene Geist nicht mehr bloß als *nicht*-Notwendigkeit, in das Sein überzugehen, sondern auch als Freiheit, ein anderes, von seinem ewigen oder Begriffs-Sein verschiedenes Sein anzunehmen, d.h. als Freiheit, aus sich selbst herauszugehen, erreicht. *Hier* erst kann er von sich selbst sagen: Ich werde sein, der ich sein werde, d.h. der ich sein *will*, es hängt bloß von meinem Willen ab, *dieser* oder ein anderer zu sein – hier stellt sich der vollkommene Geist als *Gott* dar; hier sind wir berechtigt ihm diesen Namen zu geben. Denn das Wort Gott ist an sich ein bloßes Wort, wo es sich also um die richtige *Anwendung* desselben fragt. Ist aber bloß *davon* die Rede, fragt es sich z.B., ob der Name *Gott* auch auf eine tote, unbewegliche, in blinder Notwendigkeit über ihren eignen Bestimmungen brütende Substanz, oder auf ein in gleicher Notwendigkeit – etwa durch sukzessive Negationen alles *bestimmten* Seins endlich sich selbst als das reine Nichts darstellendes Prinzip angewendet werden könne, da kann allein der Sprachgebrauch und zwar der ursprüngliche entscheiden. Eine urkundlichere Erklärung des Namens Gott aber, wie ich schon früher bemerkte S. Philosophie der Mythologie, II, II, 47, vgl. mit Einleitung in die Philosophie der Mythologie, 11,1,171. A. d.O. gibt es nicht, als die der wahre Gott selbst dem Gesetzgeber Israels erteilt; denn als dieser fragt, bei welchem Namen er ihn (den wahren Gott) dem Volk nennen sollte, antwortet Er: Nenne mich: *Ich werde sein, der ich sein werde*, dies ist mein Name. Und eine andere Bedeutung hat auch der Name Jehovah nicht, der wenigstens seit Mosis Zeiten dem wahren Gott im ganzen Alten Testament beigelegt wird. Das »Ich werde sein, der ich sein werde« kann entweder heißen: Ich werde sein, *der ich will* (wenn [...] sensu neutro genommen würde: Ich werde sein, was ich will), oder, wenn man das hebräische Tempus aoristisch versteht: Ich werde sein, *der ich bin*, d.h. ich werde *sein* und dabei doch derselbe bleiben, ich werde sein ohne Nachteil und ohne Veränderung meiner selbst.

In völliger Freiheit also ist Gott, das ihm *gezeigte Sein*, welches nicht mehr in actu purissimo besteht, sondern ein actus ist, in dem zugleich Spannung, Widerstand ist – er ist in völliger Freiheit, dieses Sein anzunehmen oder nicht anzunehmen, weil er nicht der bloß materiell, sondern der übermateriell All-Einige ist, weil er also in der materiellen *nicht*-Einheit ebensowohl oder *nicht* weniger der an *sich* Eine ist als in der materiellen Einheit. Die Einheit ist die Einheit seiner Natur, welche als eine übermaterielle, absolut geistige durch die materielle nicht-Einheit so wenig affiziert wird, als sie durch das materielle Einssein bedingt war, da dieses vielmehr eine *Folge* von *ihr* ist. Ferner können wir auch sagen: es steht ihm absolut frei, das ihm gezeigte Sein anzunehmen, weil er auch dann, auch wenn er aus dem spannungslosen Sein in das gespannte heraustritt, damit sein göttliches Sein im Grunde bloß suspendiert, *nicht* aufhebt, denn vielmehr eben *durch* die Spannung selbst (wie wir bald hören werden) und *durch* den Gegensatz der Potenzen wird es wiederhergestellt, so daß er dieses Sein alsdann nur als ein vermitteltes und wiederhergestelltes besitzt, das er ursprünglich als ein unmittelbares und unvermitteltes besaß. Aber ob mittelbar oder unmittelbar ist für ihn gleich viel, denn seine Gottheit besteht nicht in dem *so*-Sein, sondern darin, daß er unveränderlich *Er selbst* ist, d.h. sie besteht in *jenem* Sein, das mit dem Wesen selbst Eins ist, und in bezug auf welches das alte Wort gesprochen ist: In Deo non differunt Esse et quod Est – d.h. eben das *wahre* Sein Gottes ist das, daß Er – Er selbst ist.

Nachdem wir nun aber den Punkt der gänzlichen und vollkommenen Freiheit Gottes im Annehmen oder Nichtannehmen jenes von ihm selbst verschiedenen Seins ins Reine gebracht haben, so bleiben noch zwei Fragen übrig: 1. *wie*, auf welche Weise er dieses Sein annehmen könne, 2. wodurch er im Fall der Annahme dieses Seins zu derselben bewogen gedacht werden könne, welche Beweggründe zu dieser Annahme in ihm sich denken lassen. Denn das ist die Art der sittlich freien Natur, zu ihren Handlungen nicht blindlings, sondern durch Beweggründe bestimmt zu werden.

Was nun die erste Frage betrifft, *wie* es mit der Annahme jenes Seins zugehe, so ist bereits erklärt, worin der Grund der ganzen Spannung – also des außergöttlichen Seins liegt (denn das unmittelbare göttliche Sein ist das spannungslose, ist actus purissimus). Der Grund der ganzen Spannung ist das aus seinem An- sich hervorgetretene, selbst seiend gewordene *An- sich*. Nun ist aber Gott seiner Natur nach das an sich Seiende, und weil *Gott* der an sich seiende Geist ist, so kann dieser, also das an sich Seiende auch durch den bloßen Willen Gottes außer sich sein – als dieses außer sich seiende eben hat es alsdann die Eigenschaften eines ganz und bloß durch den göttlichen Willen Seienden. Als dieses, als das aus seinem An- sich herausgetretene Wesen, ist es nun freilich nicht mehr Gott selbst, doch ist es auch nicht schlechthin nicht-Gott, denn da in ihm die Möglichkeit ist in sein An-sich zurück überwunden, *zurück*gebracht zu werden, so ist in ihm auch wieder die Möglichkeit oder Potenz des Gottseins, d.h. es ist wenigstens potentiâ Gott.

Es wird hier überhaupt – zum Verständnis der weiteren Entwicklung – notwendig sein, folgendes über das Wort Potenz zu bemerken. Wir haben bereits gesehen, wie sich dem vollkommenen Geist an den Gestalten seines Seins zuerst die Potenzen darstellen. Hier werden sie also für ihn – Möglichkeiten, Potenzen eines *anderen* Seins, eines von seinem gegenwärtigen verschiedenen Seins. In dem *wirklichen* Sein aber, wo sie nun nicht mehr Gestalten des unmittelbaren göttlichen, sondern wirklich eines vom göttlichen verschiedenen Seins sind, verhalten sie sich auch wieder als *Potenzen*, als *Möglichkeiten*, nämlich als Potenzen oder Vermittlungen des wiederherzustellenden göttlichen Seins, so daß sie also, *innerlich*, Potenzen des außergöttlichen, *äußerlich* geworden, Potenzen des *göttlichen* Seins sind. Wir werden sie daher auch in dem äußeren Sein *Potenzen* nennen dürfen, wiewohl sie es da in einem andern Sinne sind, als dort, wo sie noch bloß innerlich als Möglichkeiten erschienen.

Also um wieder auf den eigentlichen Fragepunkt zurückzukehren, so verhindert nichts, daß Gott, da er durch seine Natur das Wesen (das an sich Seiende) und also auch das in diesem verborgene Seinkönnende ist, durch seinen bloßen Willen statt dessen das außer sich Seiende sei, jenes *existamenon*, von dem gleich im Anfang die Rede war; nur muß man dabei denken, daß er es nicht ist, *um* es zu sein, sondern um eines andern *Zwecks* willen, den er dadurch erreichen will. Denn es ist eine uralte Lehre, daß Gott stets durch das Gegenteil, *dia tôn enantiôn* seine Absichten ausführe. Er *ist* dieses Andere – dieses außer sich Seiende – er verwirklicht dieses Mögliche durch ein unmittelbares Wollen nur, damit er in diesem überwunden werde, ja er ist sogar nur *frei*, dieses Sein anzunehmen, *weil er an* der zweiten Gestalt seines Wesens, die in diesem Verhältnis zur *zweiten* Potenz wird, weil er an dieser hat, wodurch er jenes Sein überwinde. – Wir sind also nun durch diese Auseinandersetzung, in der von einem *Zwecke* die

Rede war, von selbst auf die andere Frage geführt: wodurch Gott, im Fall der Annahme jenes Seins (das wir einstweilen voraussetzen oder nur als möglich denken), wodurch also Gott, im Fall der Annahme eines Seins außer sich, dazu bewogen gedacht werden könne.

Man könnte sich den Übergang von dem unmittelbaren und widerstandlosen Sein zu dem durch Widerstand vermittelten etwa auf folgende Art denken. Jedes Wesen, sowie es sich in seiner Ganzheit und Vollständigkeit nur hat (Gott aber hat von Ewigkeit sich selbst in seiner Ganzheit), jedes Wesen dieser Art sucht natürlich zuerst sich in seinen verschiedenen Gestalten auseinanderzusetzen und zu unterscheiden, oder sich in jeder insbesondere zu setzen und zu erkennen. Dies ist nun aber in jenem actus purissimus des göttlichen Lebens unmöglich, indem die Gestalten nicht wirklich auseinanderzubringen sind. Der *an sich* seiende Geist ist materiell wie der für sich seiende; beide sind, wie wir gesehen, eine völlig gleiche Selbstlosigkeit. Ebenso ist der *im* an-sich-Sein für sich seiende Geist jedem der beiden für sich gleich, dem an sich seienden, denn er ist selbst auch der an sich seiende, dem für sich seienden, denn er ist ja auch dieser. In diesem reinen, noch ungehemmten Fluß des göttlichen Lebens ist zwar Anfang, Mittel und Ende, aber der Anfang ist da, wo das Ende, und das Ende ist eben da, wo der Anfang ist, d.h. beide sind nicht auseinanderzubringen. In dieser *reinen* Unmittelbarkeit wäre also Gott sich selbst unfaßlich, oder er könnte nicht sich selbst in seinen Gestalten setzen und festhalten, da die eine unmittelbar in die andere übergeht. Das Bestreben, sich dennoch in denselben festzuhalten, würde nur als eine Art von rotatorischer Bewegung erscheinen können, denn alles dasjenige, was sich nicht als Anfang und Ende *sich selbst* entgegensetzen, Anfang und Ende nicht auseinanderbringen kann, rotiert. Da nun, könnte man fortfahren, jede rotatorische, d.h. Anfang und Ende nicht finden könnende Bewegung, *Unseligkeit* ist, so ist ihm auch *darum* jene an ihm selbst – nämlich an der ersten Gestalt seines Seins – sich zeigende Möglichkeit so höchst willkommen, weil diese allein schon jener rotatorischen Bewegung ihn enthebt und ihm das Mittel wird, auch daraus schon und ohne *wirkliches* Auseinandergehen sich in allen seinen Gestalten zu unterscheiden, indem er sie vermittelt durch jene erste Möglichkeit nun schon sieht, nicht als das, was sie sind, sondern als das, was sie *sein* können oder *sein werden*, also in derjenigen Gestalt, wo eine der anderen ungleich, die eine wirklich *außer* der anderen ist. *Darum* also ist ihm jene erste Möglichkeit, jene potentia prima, die der Anfang zu allen anderen Möglichkeiten ist, so willkommen; denn nicht nur setzt sie ihn gegen die Notwendigkeit seines alles verzehrenden, d.h. kein Außereinander und keine Unterscheidung zulassenden, Seins in Freiheit, sondern es kommt auch durch sie zuerst *Erkenntnis* in Gott, darum kann sie ihm nicht als Gegensatz erscheinen, sondern nur als Gegenstand des Ergötzens und einer nie aufhörenden Freude; ja, wenn die Frage entsteht, womit Gott von Ewigkeit sich beschäftigt, so kann man darauf nur antworten: eben jene potentia prima war von Ewigkeit der einzige Gegenstand seiner Beschäftigung, seiner Lust. (Hierauf kommen wir wieder zurück.) – Um aber aus jener rotatorischen Bewegung, die mit seinem Ursein notwendig gesetzt wäre, auch *wirklich* zu entkommen und in die entgegengesetzte, d.h. in die geradlinige Bewegung überzugehen, hätte der vollkommene Geist kein anderes Mittel, als Anfang, Mittel und Ende in sich selbst sich wirklich ungleich zu machen (bisher waren sie nur potentia sich ungleich); denn die gerade Linie ist eben die, in welcher Anfang und Ende außereinander sind, während der Punkt dasjenige ist, dem der Anfang auch gleich das Ende und das Ende der Anfang ist. Anfang, Mittel und Ende würde er aber erst in der Tat sich ungleich machen, wenn er die an den drei Gestalten seines Seins erblickten Möglichkeiten zur Wirklichkeit erhöbe. Denn da sind sie wirklich für sich gegenseitig *außer*einander, und schließen sich voneinander aus, und zwar so, daß jedes gerade nur in dieser Ausschließung und Spannung ist, was es ist. Mit dieser Spannung *ist* aber zugleich nun eine notwendig vom bestimmten Anfang durch bestimmten Mittelpunkt in ein vorbestimmtes Ende fortschreitende, d.h. es ist eine geradlinige Bewegung gegeben. Auf diese Weise also ließe sich jener freiwillige Übergang Gottes in das andere oder äußere Sein darstellen. Man könnte hierher eine merkwürdige Stelle in dem Platonischen Werk von den Gesetzen beziehen, wo Platon – ich sage Platon, ich will mich damit nicht anheischig machen, gegen diejenigen zu streiten, die dieses Werk dem Platon absprechen; *mir* scheint es

Platonisch, und ich getraue mir es im System der Platonischen Werke wohl zu begreifen; überhaupt scheint es mir nicht recht, den Geist eines großen Schriftstellers so an sich gebunden zu denken, daß er überall und durchaus sich selbst gleich sein müßte, am wenigsten scheint mir dies dem Schriftsteller angemessen, dem die Verehrung der Nachwelt seit zwei Jahrtausenden schon den Namen des göttlichen (divinus) eigentümlich beigelegt hat – dieser also führt als einen *palaion logon,* wahrscheinlich als Überlieferung der ältesten, d.h. unmittelbar aus der Mythologie hervorgegangenen Philosophie, folgende Worte an: Diese Stelle (De Legg. IV p. 716) wurde schon früher (in der Philosophie der Mythologie, II, II, 83) angewendet; hier ist die Erklärung der Stelle selbst näher angegeben, die übrigens auch Gegenstand einer besonderen Abhandlung ist, welche vom Verfasser in der philosophisch-philologischen Klasse der Münchener Akademie vorgetragen wurde. A. d. O. Gott, Anfang, Mittel und Ende der Dinge in sich begreifend, dringt geraden Wegs durch, da er seiner Natur zufolge umlaufen würde, griechisch: *ho men dê theos archên te kai teleutên kai mesa tôn ontôn hapantôn echôn, eutheian* (oder, wie man jetzt liest: *eutheia) perainei kata physin periporeuomenos.* (Dabei müssen freilich die letzten Worte: *kata physin periporeuomenos,* wie man jetzt liest, in die Worte *kata physin peripheromenos* verändert werden – allein jeder, der die Stelle ansieht, wird mir darin beistimmen, denn 1. ist es ganz begreiflich, ja natürlich, daß *periporeuomenos* aus der Umgebung hineingekommen ist; 2. der Ausdruck *kata physin* fordert eine *unwillkürliche* Bewegung [denn wie einer *kata physin* übersetzt hat: in der Natur oder in der Schöpfung umwandelnd, kann ich wenigstens mit meinem wenigen Griechischen nicht vereinigen; *kata physin* kann nur heißen: der Natur, d.h. *seiner* Natur gemäß, dies fordert also eine unwillkürliche Bewegung] in dem *periporeuomenos* aber wäre eine willkürliche ausgedrückt. Und so wie hier das *kata physin* eine unwillkürliche Bewegung fordert, so ist in dem *eutheian perainei* offenbar eine freie, vorgesetzte, mit einem Vorsatz verbundene Bewegung gemeint, welche nun ihrerseits wieder in dem zweiten Glied einen Gegensatz fordert; da aber der Gegensatz des geraden Fortgangs nur das sich Umdrehen, *peripheresdai,* sein kann, so ist gar nicht zu zweifeln, daß dieses Wort gesetzt werden müsse). Sinn: Gott geht gerade vorwärts, indem er wollend Anfang, Mittel und Ende sich ungleich macht, da er seiner bloßen Natur nach umlaufen würde, d.h. Anfang und Ende nicht auseinanderbringen könnte. Doch es bedarf der Autorität des Platon nicht, um diese Anwendung des Gegensatzes von geradliniger und rotatorischer Bewegung auf das göttliche Leben zu rechtfertigen. Denn auch ein Prophet des Alten Testaments Hos. 14, 19. sagt: [...], die Wege des Herrn sind gerade, d.h. vom Anfang gerade in das vorgesetzte Ende gehend; und dagegen in dem schon angeführten Gleichnis Christi, wo der Geist *to pneuma,* und zwar, wie der Zusammenhang zeigt, der Geist in seiner ersten Geburt, in seinem ersten Dasein, wo er also gleichsam noch nicht Zeit gehabt hat in eine andere Bewegung überzugehen, auch hier wird ja das erste Sein des Geistes mit dem Wehen des Windes insofern verglichen, als in diesem Anfang und Ende nicht zu unterscheiden, nicht auseinanderzuhalten sind, d.h. auch hier wird die erste oder *unmittelbare* Bewegung des Geistes mit einer rotatorischen, in sich zurücklaufenden verglichen. Der Gedanke von einem Weg oder von Wegen Gottes, den Platon in der angeführten Stelle ganz mit den Vorstellungen des Alten Testaments gemein hat, geht ohnedies durch die ganze Schrift. Man kann aber Gott keinen Weg zuschreiben, ohne ihm eine Bewegung, d.h. ohne ihm ein Ausgehen von Sich – oder von da, wo er ursprünglich ist, zugleich zuzugeben. Und so wird namentlich in einer Stelle, über die ich später ausführlicher sein werde, jene Potentia prima redend eingeführt: der Herr (Jehovah) hatte mich im *Anfang* seines *Wegs,* d.h. anteqam ex se ipso progrederetur, eh' er aus sich selbst herausging.

Auf diese Art könnte man sich also das Herausgehen Gottes aus seinem Ursein in ein anderes Sein etwa verdeutlichen. Ich will nur noch bemerken, daß übrigens, wie Johannes Kepler anführt, schon ältere Mathematiker das Geradlinige Gott, das Krumme der Kreatur zugeeignet haben, woraus die hohe Bedeutung dieses Gegensatzes, der uns auch äußerlich schon durch die Erscheinung des Lichts und die Rotation der Weltkörper so nahe gelegt ist, überhaupt erhellt.

In einer anderen vielleicht weniger kühnen, aber übrigens völlig sachgemäßen Wendung kann man das göttliche Herausgehen so erklären: die Absicht sei, das *nicht* selbstgesetzte Sein, jenes

Sein, in dem Gott sich selbst nur *findet*, in ein selbstgesetztes zu verwandeln, also zunächst und unmittelbar an die Stelle jenes actus purissimus, in dem das göttliche Ursein besteht, einen durch Widerstand unterbrochenen, aber eben darum in seinen Momenten unterscheidbaren und begreiflichen Aktus, kurz einen *Prozeß* zu setzen, der, inwiefern in ihm nur das ursprüngliche göttliche Sein wiederhergestellt oder wieder erzeugt wird, ein theogonischer genannt werden könnte. Indes ist bei dieser Ansicht zu bemerken, daß es sich zwar allerdings so verhält, nämlich daß durch jene Herauswendung der Potenzen der reine unvermittelte Aktus des göttlichen Seins nur in einen vermittelten verwandelt wird; dies kann jedoch als eigentliches *Motiv* darum nicht geltend gemacht werden, weil der Erfolg dieses vermittelten Aktus für Gott selbst doch eigentlich ohne Resultat sein würde, da er sich auch ohne diesen Aktus, in jenem ersten sich Innewerden, wo er die Gestalten zuerst von *sich* (als wesentlicher Einheit) unterscheidet, in der ganzen Vollständigkeit seines Seins erblickt. Das eigentliche Motiv könnte nur in etwas liegen, das *ohne* jenen vermittelten Aktus, d.h. ohne jenen Prozeß, der durch die gegenseitige Spannung der Potenzen entsteht, *gar nicht sein könnte*. Ein solches, jetzt noch nicht Seiendes, also bloß Zukünftiges, aber allein durch den mit Willen gesetzten Prozeß Mögliches könnte nun aber nur die *Kreatur* sein. Das wahre Motiv des Herausgehens wäre also die Schöpfung, und jener Prozeß müßte sich als Schöpfungsprozeß darstellen lassen.

Ehe ich dies nachweise, bedarf es noch einer weiteren Auseinandersetzung des Allgemeinen.

Der vollkommene Geist erblickt an dem, was in ihm reines, bloßes Wesen – ich bitte Sie sich hierbei an das zu erinnern, was von dem *bloß wesenden* Sein früher gesagt worden – also an dem, was in ihm reines Wesen, d.h. bloß *wesentliches* oder an sich seiendes Sein ist, an diesem ersieht der vollkommene Geist die *Möglichkeit* eines *anderen*, eines über das Wesen hinausgehenden oder hinzukommenden Seins. Ich habe schon gezeigt, wie diese an der ersten Gestalt ersehene Möglichkeit oder Potentialität sich auf die beiden anderen fortpflanzt; denn wenn es möglich ist, daß das an *sich* Seiende des Geistes ein außer sich seiendes werde, oder wenn dieses an sich Seiende des Geistes als das Seinkönnende im *transitiven* Sinn des Worts gesehen wird, so ist es auch eine Möglichkeit (eine entferntere und vermittelte zwar, aber denn doch eine Möglichkeit), daß das *rein* oder bloß gegenständlich Seiende des Geistes aus diesem *reinen Sein*, welches ihm nur durch das an *sich* Seiende vermittelt ist – und zwar nur durch das an *sich* Seiende, inwiefern es *ihm* Subjekt (also nicht selbst Objekt oder *Subjekt* (Möglichkeit) seines *eignen* Seins ist) – es ist auch möglich, sage ich, daß das *rein* Seiende aus diesem reinen Sein gesetzt, negiert werde; es stellt sich also zum voraus dar als das in diesem Fall sein *Müssende*, nämlich als dasjenige, welches al *sdann* oder in dem angenommenen Fall nicht *frei* ist, zu wirken oder nicht zu wirken, sondern wirken muß, um sich eben in das reine Sein wiederherzustellen, von dem es durch die Selbsterhebung des an *sich* Seienden ausgeschlossen worden. Es erscheint zum voraus als das sein Müssende, heißt: es erscheint als das Seinkönnende der *zweiten Potenz*. Nicht weniger aber stellt sich auch die dritte Gestalt, in welcher der vollkommene Geist das für sich selbst seiende An-sich ist – auch diese stellt sich dar als das durch die Selbsterhebung des an sich Seienden *Auszuschließende*, demnach der Negation – nicht der gänzlichen Aufhebung, aber doch der *Potentialisierung* – Fähige. Auf diese Weise aber potentialisiert, in den Zustand des nicht *Seins*, d.h. eben der bloßen Potenz, gesetzt, wäre sie in ihr ursprüngliches Sein, welches ein reines *von selbst* Sein war, nur wiederherzustellen, wenn das an *sich* Seiende wieder in sein An-sich zurückgebracht – zurück überwunden würde. Dieses könnte nun aber nur durch die zweite Potenz, die sich in dieser Spannung als das sein Müssende, notwendig Wirkende verhält, geschehen, damit stellt sich demnach die vom ursprünglichen Sein ausgeschlossene dritte Gestalt als das nur durch *doppelte* Vermittlung Seinkönnende, als Seinkönnendes der *dritten Potenz*, als sein *Sollendes* dar. Käme es nun aber wirklich zu dieser – bis jetzt bloß als möglich vorausgesetzten – Spannung, so ist leicht einzusehen, daß mit dieser zugleich ein Prozeß gesetzt sein würde. Die *veranlassende* Ursache dieses Prozesses wäre das *aus* seinem An-sich – aus seinem Mysterium – herausgetretene An-sich. Die *wirkende* Ursache wäre die in ihr ursprünglich-reines, d.h. potenzloses Sein notwendig sich wiederherzustellen strebende zweite Potenz; denn diese, ausgeschlossen von ihrem Sein und selbst negiert durch das, was *ihr* ursprünglich Subjekt, Potenz war, *jetzt* aber *selbst* Seiendes geworden ist – diese kann ihrer Natur nach nichts anderes sein als der Wille, dieses *sie* Negierende hinwiederum zu negieren, d.h. es in sein ursprüngliches Nichts, nämlich in sein An-sich wieder zu überwinden, dieses nicht sein Sollende zum sich selbst Aufgeben, zur Exspiration zu bringen, wo es dann von selbst wieder zum Setzenden jenes Dritten wird, dem allein gebührt zu sein, des eigentlich sein Sollenden. Wenn also das aus seinem An-sich herausgetretene An-sich die veranlassende, das aus seinem potenzlosen Sein *gesetzte* rein Seiende die wirkende Ursache des Prozesses war, so ist das sein Sollende die *End*-Ursache, die causa finalis des Prozesses. – Um sich zu denken, wie jenes Prinzip des Anfangs, jenes den Prozeß veranlassende Prinzip wieder in sein An- sich überwunden werde, bitte ich *Sie*, an das sich zu erinnern, was schon früher gezeigt worden, S. oben S. 746 daß das Seinkönnende in seinem Hervortreten, oder wenn es sich zum Aktus erhebt, nur als ein positiv gewordener, entzündeter Wille sich verhalten kann. Wille aber, wie er das einzige Widerstandsfähige, ist er auch das einzige Überwindliche. Die Möglichkeit dieses Prozesses beruht nun aber nur darauf, daß die drei Potenzen, obwohl sich gegenseitig ausschließend, doch nicht wirklich auseinander können, also darauf, daß ihre ursprüngliche Einheit eine geistige, eine unzerreißbare ist. Die Potenzen stellen das bloß materielle Existieren vor, das Seiende selbst ist über der bloßen Materie des Seins erhaben, die übermaterielle, eben darum unauflösliche Einheit, welche die Potenzen, auch wenn sie in Spannung oder Entgegensetzung sind, nicht auseinanderläßt, sie zwingt uno eodemque loco zu sein, und so die materiellen Ursachen eines Prozesses zu sein, dessen übermaterielle Ursache sie selbst (die Einheit) ist.

Um sich die *in* der Zertrennung bestehende Einheit aufs bestimmteste zu denken, bitte ich zu bemerken, daß die Potenzen während der Spannung zwar sich gegenseitig ausschließen, also für sich gegenseitig, aber nicht für *Gott* außereinander sind. Gott ist die unauflösliche Einheit der Potenzen nicht unmittelbar *als solcher*, er ist nur die unzertrennliche Einheit *seiner selbst*, und dadurch mittelbar auch der Potenzen – nur sie sind also zertrennt, aber Er ist in ihnen, auch in den jetzt alterierten und ein anderes gewordenen immer derselbe, alle durchdringende Geist. Sie sind sich gegenseitig untereinander, aber sie sind nicht für ihn undurchsichtig. – Das Reelle in ihnen ist noch immer das Göttliche, das, was an ihnen das nicht Göttliche ist, oder das, wodurch sie (bloße) Potenzen sind, ist das bloß Akzessorische, ist nicht Wesen, sondern nur Erscheinungsweise. Daher dann freilich, wenn das Erzeugnis dieser Potenzen die Welt ist, auch die Welt nicht *Wesen*, sondern nur Erscheinung, wiewohl eine göttlich gesetzte Erscheinung ist.

Daß alles *aus* Gott sei, hat man von jeher gleichsam gefühlt, ja man kann sagen: eben dieses sei das wahre Urgefühl der Menschheit. Aber nie ist man über das bloße *Daß* hinausgekommen, und auch dieses (*daß* es so ist) hat man höchstens auf dialektische (*d.h.* den Verstand bloß logisch zwingende), aber keineswegs auf überzeugende Weise zu zeigen vermocht. Denn dazu war erforderlich anzugeben, wie das, was ursprünglich, nämlich in Gott, nur tanquam in actu purissimo, als lauterstes, geistigstes Leben gedacht werden kann, wie eben dieses sich materialisieren, substantialisieren, gleichsam entgeisten, zu etwas von Gott Verschiedenem, zu einem außergöttlichen Leben werden könne. Durch unsere Entwicklung, durch die am *rein* Geistigen Gottes nachgewiesenen Möglichkeiten ist gezeigt, was bis jetzt keine Philosophie und keine Theosophie zeigen konnte. – Nun ein weiterer Punkt!

Auch in den gespannten und sich gegenseitig ausschließenden Potenzen existiert noch immer nur Gott. Die Gottheit oder das göttliche Sein der Potenzen ist zwar suspendiert, aber eben darum ist nur die *Form* oder *Art* der göttlichen Existenz eine andere, nicht aber die Existenz Gottes selbst aufgehoben. Gott existiert in der Spannung und Zertrennung der Potenzen nicht weniger als in der Einheit. Inwiefern aber nun Gott die Potenzen in der gegenseitigen Ausschließung nicht weniger als in der Einheit ist (sie sind in der Spannung nur die frei gewollte *Form* seiner Existenz), insofern ist er in jeder ein *anderer*; er ist ein anderer als der aus seinem An-sich herausgetretene, ein anderer als der dieses außer sich Gesetzte seines Wesens wieder zurückbringende und überwindende, ein anderer als der, welcher sein soll – er ist also in jeder der drei sich jetzt ausschließenden Gestalten ein anderer, aber nicht ein anderer Gott, denn Gott ist er nicht als eine dieser Gestalten insbesondere, sondern nur als die unauflösliche

Einheit derselben; er ist daher zwar Mehrere, aber nicht mehrere Götter, sondern nur Ein Gott. Mit dieser letzten Reflexion sind wir, wie Sie sehen, wieder auf den Begriff des *Monotheismus* geführt, d.h. auf denjenigen Begriff, der der höchste aller wahren Religion ist – eben deshalb auch der, von welchem eine (objektive) Erklärung der falschen Religion auszugehen hat. Als solchen haben wir ihn in dem früheren Vortrag bereits entwickelt, und ich erinnere Sie hier nur wieder an die Hauptpunkte desselben. Wir unterschieden damals den Monotheismus im Begriff vom Monotheismus als Dogma oder dem wirklichen Monotheismus. Letzterer ist da, wo die Potenzen sich gegenseitig ausschließen, also eine wirkliche Mehrheit in Gott gesetzt ist. Denn vor der Spannung ist diese Mehrheit in Gott nur potentiell, und dies nannten wir den Monotheismus im Begriff. Diesem selbst aber liegt als letzter Gedanke zugrund, daß Gott nicht (wie im bloßen Theismus) der schlechthin Einzige, sondern der *als* Gott einzige ist, oder daß die Behauptung der Einzigkeit in Gott nicht eine bloß negative, daß sie nur eine positive, d.h. affirmative sein könne. Affirmativ ist die Behauptung der Einzigkeit in dem Fall, wenn erst in einem Wesen eine Mehrheit gesetzt ist, und die Einheit des Wesens als solche behauptet wird. Posita pluralitate asseritur unitas Dei qua talis. Die Bedingung einer wirklichen Affirmation der Einheit Gottes ist, daß zuerst eine Mehrheit in ihm gesetzt sei. Diese affirmative Behauptung ist nun vermöge unserer Begriffe möglich. Denn Gott ist a) der an sich seiende, b) der für sich seiende, c) der im An-sich für sich seiende Geist. Von dieser Seite betrachtet ist er allerdings nicht Einer im bloß negativen oder ausschließlichen Sinn; bezeichnen wir die drei Begriffe durch drei Buchstaben, so ist er nicht bloß a, nicht bloß b, nicht bloß c, sondern a+b+c, d.h. Mehrere, aber doch nicht mehrere Götter, denn eben weil er nicht als b oder c insbesondere, sondern nur als a+b+c erst Gott ist, so ist er, obgleich a+b+c, doch nicht mehrere Götter, sondern nur Ein Gott. Nur inwiefern er (zwar nicht mehrere Götter, aber doch) Mehrere ist, kann ich sagen, es sei nur Ein Gott; und dies ist dann also eine affirmative Behauptung. Der Monotheismus als ein *unterscheidender* Begriff und vollends als eine Unterscheidungslehre kann nicht in einer bloßen Verneinung, er muß in einer Behauptung bestehen. Diese Behauptung kann nicht darin liegen, daß Gott überhaupt nur Einer ist; denn damit ist immer nur gesagt, daß er nicht mehrere ist. Der Fehler des gewöhnlichen Vertrags besteht darin, daß man sich denkt, das, was im Begriff des Monotheismus *unmittelbar* behauptet werde, sei die Einheit, da das unmittelbar Behauptete vielmehr die Mehrheit ist, und nur mittelbar, nämlich nur erst im Gegensatz mit dieser Mehrheit die Einheit als solche behauptet wird. Weit entfernt, daß in dem richtigen Begriff die Einheit unmittelbar behauptet wird, ist sie vielmehr das unmittelbar Widersprochene; es wird geleugnet, daß Gott einzig in dem Sinn sei, in welchem eine Potenz, z.B. die von uns als erste bezeichnete eine ist. Den Gestalten seines Seins nach ist Gott nicht Einer, sondern Allheit, also Mehrheit (denn Allheit ist nur geschlossene, vollendete Mehrheit). *Als* solche tritt diese Mehrheit aber erst hervor in der Scheidung der Potenzen, d.h. im Prozeß: hier zeigt sich dann aber auch die Einheit als solche; denn *Gott* ist der in den Potenzen seiende, in ihnen wirkende und schaffende, und als dieser ist er nicht mehrere, sondern Einer, und hier also ist der Monotheismus (als Lehre) *ausgesprochen*. Von dem so begriffenen Monotheismus läßt sich nun auch der Polytheismus als ein möglicher ableiten. Denn betrachten wir die Potenzen *nicht* in ihrem Verhältnis zu Gott, sondern so, wie sie in ihrer gegenseitigen Ausschließung erscheinen, so müssen wir erkennen, daß sie als solche außer ihrer Gottheit gesetzte sind, d.h. sie sind außer jenem *pneuma*, außer jenem actus purissimus gesetzt, in welchem sie selbst = Gott sind; sie sind daher in ihrer Entgegensetzung nicht Gott, und doch auch nicht schlechthin *nicht-Gott*, sie sind nur nicht *wirklich* Gott, ihre Gottheit ist eine suspendierte, aber nicht aufgehobene – aber eben darauf, zu erklären, wie irgend etwas *außer* Gott (praeter Deum), und doch dabei nicht nichts und auch nicht schlechthin nicht- göttlich sein könne, kommt es an, wenn der Polytheismus *wirklich* erklärt werden soll. Es ist hier eine Mehrheit, von deren Elementen man nicht schlechthin und in jedem Sinn sagen kann, daß sie nicht Gott sind, wo also eine *Möglichkeit* allerdings vorhanden ist, diese Elemente als mehrere Götter zu denken. *Bloße* Potenzen (ich bitte *Sie* dies wohl zu bemerken) sind sie eben auch nur in der Spannung, d.h. während des Prozesses, aber wenn das aus sich Herausgetretene wieder in sich zurückgebracht ist, im

Ende des Prozesses, den wir ja bereits als einen theogonischen bestimmt haben, da sind sie – wieder aufgerichtet zu ihrem ursprünglichen Wesen – nicht mehr Potenzen, sondern wieder = Er selbst. So begreift sich, wie im Menschen Gott selbst, ja wie der Mensch seinem *ursprünglichen* Sein nach nur der wiederhergestellte vollkommene Geist selbst ist. Dies führt uns nun auf den Schöpfungsprozeß selbst.

Weil die Potenzen sich gegenseitig ausschließen, und doch, wie ich schon gezeigt, in Einem und demselben, uno eodemque loco, bestehen müssen, so läßt sich diese Koexistenz nicht als eine ruhige denken. Jenes Prinzip des Anfangs, in welchem eigentlich das bloße An-sich, das ewig Verborgene, das eigentliche Mysterium der Gottheit offenbar wird, dieses zur Unsichtbarkeit bestimmte Prinzip, indem es dennoch hervortritt, wirkt ausschließend zunächst auf dasjenige in Gott, *dem* es Subjekt war, das rein und *bloß* Seiende der Gottheit; indem das, was ihm *Subjekt*, das Setzende von ihm war, sich ihm entzieht, ja sich in das es nun vielmehr Ausschließende, Negierende verwandelt, indem dies geschieht, wird dieses Prinzip, das zuvor ohne alle Eigenheit, völlig selbstlos, in dem actus purissimus des göttlichen Lebens ganz verschlungen war – dieses wird jetzt genötigt, ein für sich seiendes zu sein, es wird also durch jene Ausschließung hypostasiert, substantialisiert; *durch* das gleichsam unversehens entstandene neue Sein des zuvor nicht Seienden – nämlich nur urständlich und also ohne Gegen- oder Widerständlichkeit Seiende – durch dieses neue, konträre Sein, das eben da entsteht, wo zuvor nichts (kein Widerstand war) – durch dieses neue Sein wird *es selbst* (das zuvor Potenzlose) potentialisiert, es bekommt eine Potenz, aber eben damit ein Leben in sich selbst; eben diese Negation, oder daß es negiert, als nicht seiend gesetzt ist, gerade die Negation gibt ihm das in-sich-Sein, da es zuvor das außer sich seiende war, diese Negation macht es zum sein oder wirken *Müssenden*, indem es notwendig strebt sich in sein Ursein, in das reine potenzlose Sein wiederherzustellen, was nicht geschehen kann, es habe denn zuvor jenes nicht sein Sollende, das doch *ist*, jenen zur Wirkung gekommenen Willen; der eigentlich nicht wirkend sein sollte, wieder in sein Nichts, d.h. in sein Nichtwollen, zurückgebracht. Eben dieser Wille aber, der eigentlich nicht wirken sollte, und den wir i nsofern wohl den Unwillen nennen dürfen, wie Unfall, Untat usw. – eben dieser Unwille hat auch die dritte Potenz von ihrem Sein ausgeschlossen. Diese selbst kann nicht *wirken*, denn sie würde sonst im Sein nicht ankommen als das was sie ist, als die Freiheit, *als* der lautere Geist, aber eben darum wird ihr die Wiederherstellung in das Sein vermittelt durch die zweite Potenz, die jenen Unwillen, indem sie ihn zum sich selbst Aufgeben bringt, eben damit auch wieder zum Setzenden (zum Sitz und Thron) jenes Höchsten macht, das eigentlich sein sollte, des als *solchen* seienden Geistes.

Wir haben die erste Potenz als das nicht *sein* Sollende bestimmt, die dritte als das Seinsollende. Demgemäß wäre es möglich, die erste Potenz als das *Nicht*seinsollende zu betrachten, und daraus weiter zu schließen, es sei also mit diesem Nichtseinsollenden doch eine Art von bösem Prinzip in den Prozeß mitaufgenommen, auf jeden Fall etwas, das nicht wohl als ein göttlich Gewolltes anzunehmen sei. Aber es ist ein sehr großer Unterschied, ob man von einem Prinzip sagt: es ist nicht das sein Sollende (hier wird es nur als das Seinsollende nicht *gesetzt*), oder: es ist das Nichtseinsollende, d.h. dem zukäme, *nicht* zu sein. Oder, da sich dies lateinisch vielleicht deutlicher sagen läßt und es dabei nicht gerade auf gutes Latein ankommt: es ist ein totaler Unterschied zwischen dem quod non debet esse, und zwischen dem quod debet (debebat) non esse, ein Unterschied zwischen dem, welchem nicht gebührt zu sein, und dem, welchem gebührt *nicht* zu sein. Nur in *jenem* Sinn ist die erste Potenz das nicht sein Sollende. In jeder zusammengesetzten, nicht unmittelbar zu vollbringenden Handlung ist das, was bloß Mittel ist, nicht das *eigentlich* sein Sollende, aber es ist doch das relativ, nämlich in bezug auf den Zweck sein Sollende, und so kann auch jenes, obgleich zur Überwindung bestimmte, Prinzip ein göttlichgewolltes sein; dies widersprechen, wäre ebensoviel als widersprechen, daß Gott durch Mittel wolle, da sieht aber jeder, daß dies ein ganz falscher Satz ist, denn die göttliche Weltregierung handelt immer durch Mittel. Jenes Prinzip ist allerdings nur hervorgetreten, um im nachfolgenden Prozeß als das Nichtseinsollende *erklärt* zu werden. Nun es als solches erklärt ist, verändert sich sein Anblick, und wenn es irgend eine Macht gäbe, die dieses nicht

Seiende gegen den durch die Schöpfung erklärten Willen Gottes wieder zum *Seienden* erhöbe, jetzt unstreitig wäre das auf solche Weise Seiende das Widergöttliche und insofern das Böse; aber davon ist ja hier noch nicht die Rede. – Ebenso verhält es sich mit dem, was wir hier den Unwillen genannt haben. Wenn jener Wille, der eigentlich nicht wirkend sein sollte, der aber, weil durch den *göttlichen* Willen wirkend geworden, nun, *d.h.* für jetzt, wirken *darf*, wenn dieser, *nachdem* er erst durch den Prozeß als der nicht wirken dürfende *erklärt* ist, durch irgend eine *außer*göttliche Macht (denn die göttliche ist es, die ihn verneint) wieder positiv werden könnte, dann wäre er wieder der Unwillen, aber nun in einem *ganz* anderen Sinne. So viel noch über den *allgemeinen* Hergang des Prozesses, den ich gern nochmals wiederholte, weil es wesentlich ist für die ganze Folge, daß Sie sich den Zusammenhang dieses Prozesses aufs bestimmteste in jedem Augenblick zurückrufen können.

Soll nun aber jener durch die Spannung gesetzte Prozeß Schöpfung *sprozeß* sein, so müssen wir ihn vor allem als einen sukzessiven, stufenweisen uns denken. Inwiefern sind wir zu dieser Voraussetzung berechtigt? Würde die Spannung der Potenzen, oder eigentlich würde jenes Kontrarium, jenes Prinzip des Anfangs, was die veranlassende Ursache der Spannung ist, unmittelbar, gleichsam in *Einem* Zug überwunden, so wäre die Einheit unmittelbar wiederhergestellt ohne Mittelglieder und ohne unterscheidbare Momente. Da nun in diesem Prozeß nichts anders als nach der Absicht des Hervorbringenden geschehen kann, so muß es, wenn unsere Annahme richtig sein soll, in der Absicht und zwar unstreitig in der Endabsicht des Hervorbringenden liegen, daß die Überwindung stufenweise und insoweit sukzessiv geschehe. Denn für den Hervorbringenden selbst kann es nur völlig gleichgültig sein, ob die Momente des Prozesses etwa bloß logische oder auch reelle sind; *er* lernt sie nicht erst dadurch kennen, daß er sie als voneinander abgesetzte verwirklicht. Die Absicht, welche durch das Sukzessive des Prozesses erreicht werden soll, kann also nur eine in der Kreatur zu erreichende sein, und zwar müßte sie in der letzten und höchsten erreicht werden, denn zu dieser verhalten sich alle vorhergehenden nur als Stufen oder Momente, sie sind gleichsam nicht um ihrer selbst willen, sondern nur um jener letzten willen. Was kann nun aber in dieser letzten erreicht werden? Offenbar nur, daß in *ihr* jenes Prinzip, das die veranlassende Ursache des Prozesses und während des ganzen Prozesses das *außer* sich seiende ist, wieder in sich, in sein An- *sich* zurückgebracht sei. Das Außersichseiende, das wieder in sich selbst zurückgebracht wird, ist aber eben darum das zu sich selbst Gekommene, seiner selbst Bewußte. Obgleich nun aber der eigentliche Moment dieses Zu-sich-selbst-kommens nur das *Ende* des Prozesses ist, oder nur in das Ende des Prozesses *fällt*, so können wir doch sagen: der ganze Prozeß sei nur ein *sukzessives* Zu-sich-kommen dessen, was im Menschen (als dem höchsten und letzten Geschöpf) das seiner selbst Bewußte ist. Dieses letzte seiner selbst Bewußte sollte sich also dieses ganzen Wegs, aller Momente, gleichsam aller Leiden und Freuden dieser Wiederbringung bewußt sein. In dieses Final-Bewußtsein sollten alle Momente des Prozesses nicht bloß als unterscheidbare, sondern als wirklich unterschiedene und einzeln empfundene eingehen. In diesem letzten Bewußtsein sollte gleichsam der höchste Verstand, die vollendete Wissenschaft wohnen. Wenn wir diese Wissenschaft im menschlichen Bewußtsein, wie es jetzt ist, nicht mehr antreffen, wenn das menschliche Bewußtsein diese Wissenschaft nur sich wieder erringen muß, und mehr nach ihr nur *strebt*, als sie wirklich erreicht – wie ja schon der Name der Philosophie andeutet –, so kann daraus nicht folgen, daß ein solches vollkommenes, aller Momente seines Wegs oder seines Werdens in sich bewahrendes und unterscheidendes Bewußtsein des Menschen *nicht* die ursprüngliche Absicht war. Denn eben darum ringen und streben wir nach jener Wissenschaft, weil sie in uns sein sollte, weil sie zu unserem Wesen gehört. Schon Platon hat, und zwar sogar als Überlieferung aus noch älterer Zeit, die Lehre aufgestellt, daß alle wahre Wissenschaft nur Erinnerung sei, und also auch alles Streben nach Wissenschaft, insbesondere die Philosophie, nur Streben nach Wiedererinnerung. Wir streben in der Wissenschaft nur wieder eben dahin, wo wir, *d.h.* der Mensch in uns schon einmal war, und dieses Streben nach einer wahrhaft zentralen, alles vom Mittelpunkt aus übersehenden Erkenntnis, dieses Streben selbst ist das unverwerflichste Zeugnis dafür, daß das menschliche Bewußtsein ursprünglich in dieser Erkenntnis gewesen ist und in ihr sein sollte.

Der Prozeß ist somit ein sukzessiver, ein durch Momente fortschreitender, in welchem jene durch freien Aktus gesetzte Spannung nur stufenweise sich löst. Jener konträre, widerstehende Wille wird nicht mit Einem Schlag, sondern nur allmählich überwunden. Von dem Willen des Hervorbringenden hängt es ab, in welchem Maß dieser Wille in jedem Moment überwunden wird. Nun wird er aber doch in jedem Moment auf gewisse Weise überwunden sein; der andere also, der ihn überwindet und der nur in dem überwundenen *sich selbst verwirklicht* (denn durch den nicht überwundenen, noch widerstehenden ist er selbst ausgeschlossen vom Sein) – dieser andere also wird ebenfalls in jedem Moment in gewissem Maß verwirklicht sein, und also wird auch immer und notwendig auf gewisse Weise das Dritte, das eigentlich sein Sollende, gesetzt sein. Auf diese Weise erzeugen sich also bestimmte Formen oder Bildungen, die alle mehr oder weniger Abbildungen der höchsten Einheit sind, und die *darum*, weil sie alle Potenzen in sich darstellen, auch selbst in sich vollendet, abgeschlossen, d.h. eigentliche Dinge *ousiai* sein werden. Diese Dinge sind also Erzeugnisse des in sein ursprüngliches Nichts zurückgewendeten Unwillens, doch eben darum nicht dieses Willens allein, sondern ebensowohl jenes andern ihn versöhnenden oder nach dem schönen Platonischen Ausdruck ihn gleichsam beredenden, zu gut sprechenden Willens, und weil der überwundene nur sich selbst aufgeben kann, *in* dem er das Höchste, das eigentlich sein Sollende setzt, welches ihm während des ganzen Prozesses als *Ziel* (als Muster, exemplar) vorschwebt, an dem er gleichsam das hat, wonach er sich richtet und das er in sich auszudrücken strebt – so ist insofern auch die dritte Potenz notwendig zu einem *bleibenden* Entstehen; denn *Bestand* erlangt jedes Ding nur insofern, als sich, wenn auch noch so entfernt, die dritte Potenz an ihm realisiert zeigt; diese ist die jedes vollendende, beschließende, oder wie die Morgenländer dies ausdrücken, sie ist die jedes Gewordene gleichsam besiegelnde, es eigentlich *fertig* machende; sie ist eben darum auch während des Prozesses die mäßigende Kraft (vis moderatrix) der Bewegung, durch welche die Stufen des Prozesses bestimmt sind, die Macht, die auf jeder Stufe Stillstand gebietet, so daß wirklich verschiedene und unterscheidbare Momente stehen bleiben; *sie* ist die zwischen den beiden ersten Potenzen entscheidende, nur ihr gehorcht die erste, wenn es die von der zweiten an ihr hervorgebrachte Modifikation annimmt, und ebenso nur der höheren gehorcht die zweite Potenz, wenn sie das bis zu einem gewissen Grade Überwundene nicht weiter überwindet, sondern *stehen* läßt. Sie, die dritte Potenz, ist es, welche durch ihr *bloßes* Wollen, ohne eigentliche Wirkung, jedes Werdende auf seiner Stufe erhält.

Weil das erste Prinzip seiner Natur nach nur den Willen hat, unbedingt zu bestehen, das andere, nur unbedingt das erste zu überwinden, so muß ein drittes sein, dem beide sich unterwerfen, das sie selbst als ein höheres und gewissermaßen unbeteiligtes anerkennen.

Demnach ist jedes Erzeugte das gemeinschaftliche Werk der drei Potenzen, die sich, wie *Sie* nun sehen, als demiurgische, kosmische Potenzen verhalten, aus deren Zusammenwirkung erst alles Konkrete entsteht: sie selbst sind noch rein geistige Potenzen, auch jenes blind Seiende des Anfangs, das *Gegenstand* der Überwindung, und also das Substrat, das *hypokeimenon* des ganzen Prozesses ist, auch dieses ist in sich selbst noch immer ein rein Geistiges, wie ein erregter, in uns entbrannter Wille auch noch etwas Geistiges ist; wir müssen sogar bemerken, daß dieser Wille in seinem lauteren Entbranntsein, wo er durch den andern noch nicht besänftigt, noch nicht affiziert ist, sogar als das allem Konkreten Entgegengesetzte erscheint – erst in seinem Verhältnis zu dem andern nimmt er sukzessiv materielle Eigenschaften an – er ist jenes Prius der Natur, jenes Vorausgehende, jenes Angesicht (wie der Morgenländer es nennt), jenes Vordere des Schöpfers, das, wie Gott im A. T. sagt, kein Mensch sehen kann und *leben*, eben weil es in seinem Sein das alles Konkrete Verzehrende ist, das also erst zur Vergangenheit geworden sein muß, um der Kreatur erträglich zu sein, das daher erst sichtbar wird, indem es eigentlich unsichtbar wird, nämlich indem es mit der kreatürlichen Form überkleidet, und also von dieser zugedeckt, *durch* sie selbst unsichtbar gemacht wird – es ist das Unsichtbar-Sichtbare, und das Sichtbar-Unsichtbare. Indem wir die Potenzen nun als kosmische, demiurgische Ursachen begriffen haben (wobei ich nur kurz wieder erinnere an die frühere Unterscheidung, nach welcher jenes Prinzip des Anfangs die veranlassende, oder wie wir auch sagen können, die materielle

Ursache ist – causa quae materiam praebet – die das Substrat des ganzen Prozesses hergibt, wir können auch sagen, sie ist die causa *ex* qua; die zweite Potenz ist die causa formalis oder die causa *per* quam, die dritte die causa finalis, *in* quam oder secundum quam – zu welcher hin als Ziel alles geschieht) – indem wir also die Potenzen als kosmische Ursachen begriffen, haben wir sie eben damit auch als *relativ* außergöttliche gesetzt, und es ist für die Folge wichtig, das Göttliche in ihnen (das nur in der Einheit ist), und ihre kosmische oder demiurgische Funktion wohl zu unterscheiden. Inwiefern aber in jedem Erzeugnis, so entfernt es auch von der höchsten Einheit sein mag, doch auf *gewisse* Weise die Einheit gesetzt ist, und weil der Wille, in welchem die drei Potenzen zur Hervorbringung eines *bestimmten* Gewordenen gleichsam einig werden, immer nur der Wille der Gottheit selbst sein kann, so geht *insofern* durch jedes Ding wenigstens ein Schein, eine Apparition der Gottheit, und es ist im strengsten Sinne zu sagen, daß nichts, auch nicht das Geringste, sei *ohne* den göttlichen Willen.

Wir sind also nunmehr vollkommen berechtigt zu sagen: der durch die freiwillig gesetzte Spannung bewirkte Prozeß sei der Prozeß der Schöpfung – berechtigt also auch zu wiederholen, was auch das Resultat des früheren Vertrags über den Monotheismus war, daß nämlich der wahre Monotheismus, der Monotheismus als System, als Lehre, nur mit der Schöpfung zugleich kommt, und nicht erkannt wird, ohne zugleich diese zu erkennen. Wenn also Monotheismus die wahre Lehre ist, so ist auch nur diejenige Lehre die wahre, in welcher eine freie Schöpfung erkannt wird.

Fünfzehnte Vorlesung

Der Ausgangspunkt für die nunmehrige Entwicklung ist durch die bisherige gegeben. Dieser Ausgangspunkt ist die absolute Freiheit Gottes in der Weltschöpfung. Es stand, sagten wir, in seiner Macht, jenes Prinzip des Anfangs, das in ihm eine bloße Möglichkeit, und also *ohne* seinen Willen *nichts* ist, dieses Prinzip, das er an dem Tiefsten seines Wesens als bloße Möglichkeit ersieht, in der Verborgenheit zu erhalten oder es zur Wirklichkeit zu erheben. Dieser Gott, in dessen Freiheit es steht, das an sich Seiende seines Wesens als das Gegenteil, als von sich weg Seiendes (das Gegenteil des an-sich-Seins ist das von- sich-weg-Sein) oder außer sich Seiendes zu setzen – dieser Gott ist der ganze Gott, der Gott in der ganzen *All*-Einigkeit, nicht etwa bloß der an sich seiende, denn dieser für sich wäre nicht frei. Die Freiheit Gottes hat nur in seiner unauflöslichen All-Einigkeit ihren Grund; Gott ist nur darum frei, das nicht Seiende seines Wesens zum Sein zu erheben, weil er an dem ursprünglich *Seienden* seines Wesens – denn beide, das nicht Seiende und das Seiende sind durch ein unauflösliches Band aneinander geknüpft – weil er also an dem Seienden seines Wesens das hat, womit er das seiner *Natur* nach nicht Seiende, also auch nicht eigentlich sein Sollende und dennoch vermöge seines Willens, also um eines Zwecks willen Seiende, dieses wieder in sein An-sich und sein ursprüngliches nicht-Sein zu überwinden vermag. Wäre die All-Einigkeit Gottes eine bloß zufällige, die etwa nur auf der Latenz jenes von Natur nicht *Seienden* beruhte, so daß sie mit dieser Latenz verschwände und nicht mehr bestünde, so wäre er nicht frei, das nicht Seiende zum Sein zu erheben. Weil aber seine All- Einheit eine geistige, und demnach durch nichts aufzuhebende ist, und in der materiellen Nichteinheit ebensowohl besteht als in der materiellen Einheit, so ist er frei, jenes Kontrarium der Einheit zu setzen und nicht zu setzen. – Der Gott, in dessen Gewalt es steht, auch das außergöttliche Sein zu setzen oder nicht zu setzen, der Gott, in cujus potestate omnia sunt (nämlich omnia quae praeter ipsum existere possunt), dieser Gott ist also der *ganze* Gott, nicht bloß eine Gestalt Gottes, sondern Gott als absolute Persönlichkeit. Diese absolute Persönlichkeit nun, bei der *alles* steht, die allein etwas anfangen kann (ich bediene mich gern solcher populären Ausdrücke; man sagt von einem Menschen, der sich in seinen Unternehmungen wie immer gebunden fühlt, er kann nichts anfangen, zum Beweis, daß die absolute Freiheit eigentlich darin besteht, etwas anfangen zu können) diese absolute Persönlichkeit also, von der alles ausgeht, die die alles anfangen könnende ist, diese können wir eben, weil sie die alles anhebende, der eigentliche *Urheber* ist, auch philosophisch den *Vater* nennen. Aber sie ist nicht nur in diesem allgemeinen Sinn der Vater, sie ist der Vater noch in *besonderem* Sinn. Denn indem sie das *an*-sich-Seiende ihres Wesens herauswendet, schließt sie eben damit das *rein* Seiende ihres Wesens (die zweite Gestalt) von *dem* aus, was ihr das Subjekt war und dieses reine Sein ihr vermittelte. Die zweite Gestalt ist nur darum das über alles Können Erhobene und insofern *unendlich* Seiende, weil ihr die erste Gestalt das Können, die Potenz, das Subjekt ist. Wenn nun aber diese sich selbst in das Sein erhebt, so hebt sie zwar jenes rein Seiende nicht auf (denn dafür, daß dies nicht geschehe, ist gesorgt durch die Unzertrennlichkeit der göttlichen Einheit, welche die Potenzen in ihrem Anderssein, in ihrer *alloiôsis*, nicht weniger zusammenhält als in ihrer ursprünglich *reinen* Göttlichkeit), also das rein Seiende wird zwar nicht aufgehoben, aber doch in seinem reinen, potenzlosen Sein negiert, es tritt in sich selbst zurück, wird ein nicht Seiendes, und bekommt insofern eine Potenz in sich, es wird, wie ausführlich gezeigt wurde, gesetzt als das *sein*, als das wirken *Müssende*, als das jenes Kontrarium nun seinerseits notwendig Negierende, als das in einem *notwendigen* Aktus (welcher zugleich Aktus der Überwindung jenes Kontrariums ist) als das in einem notwendigen Aktus sich in das ursprünglich reine, potenzlose Sein Wiederherstellende. Nun kann aber die Handlung, in welcher irgend ein Wesen ein anderes sich Homogenes (Gleichartiges) außer sich, unabhängig von sich, nicht als unmittelbar wirklich, wohl aber so setzt, daß es in einem notwendigen und unablässigen Aktus sich selbst verwirklichen muß – eine Handlung dieser Art kann nur *Zeugung* genannt werden. Zeugung ist der *wahre* Ausdruck dieser Handlung, es ist nicht etwa nur ein uneigentlicher Ausdruck, denn vielmehr jeder andere für dieselbe gesuchte würde ein uneigentlicher sein. Die Handlung jener ersten alles anfangenden Persönlichkeit ist daher eine Zeugung zu nennen, sie selbst verhält sich in derselben als *zeugende*, d.h. eben als Vater, und dagegen die andere Gestalt, die auf solche Weise in Spannung, aber eben damit in Wirkung gesetzt ist, diese, wenn sie durch Überwindung des Entgegenstehenden sich selbst in ihr ursprüngliches Sein wiederhergestellt hat, wird sich als eine zweite, von der des Vaters verschiedene Persönlichkeit verhalten, die, als gezeugt vom Vater, keinen andern Namen erhalten kann als den des Sohns.

Sie sehen: wir haben von unsern Prinzipien aus den unmittelbaren und natürlichen Übergang zu einer Lehre gefunden, welche die Grundlehre des ganzen Christentums ist. Wenn ich in der Philosophie der Mythologie schon darauf aufmerksam gemacht habe, II, II, 78. A. d. O. daß die Lehre von der Dreieinigkeit Gottes ihrem Grunde, ihrer Wurzel nach keine speziell christliche sei, *so zeigt* sich dies in dem gegenwärtigen Vortrag, denn hier wird sich uns der in der All- Einheitsidee liegende Keim nun völlig, in der ganzen Entwicklung, deren er fähig ist, entfalten.

Wollte man die Idee von der Dreieinheit Gottes für eine speziell christliche halten, so müßte man darunter eine solche verstehen, die durch das Christentum erst eingesetzt und zu glauben geboten worden sei. Allein wie verkehrt dies sei, läßt sich auch dem Befangensten einleuchtend machen. Denn, nicht weil es ein Christentum gibt, darum existiert jene Idee, sondern umgekehrt vielmehr, weil diese Idee die ursprünglichste von allen ist, darum gibt es ein Christentum. Das Christentum ist ein Erzeugnis, eine Folge dieses ursprünglichen Verhältnisses. Die Idee dieses Verhältnisses selbst ist daher notwendig älter als das Christentum, ja, inwiefern das Christentum im Laufe der Zeit nicht erscheinen konnte, ohne daß jene Idee schon im Anfang war, so ist diese Idee so alt, ja älter als die Welt selbst. Diese Idee ist das Christentum im Keim, in der Anlage, das historische Christentum, d.h. das Christentum, wie es in der Zeit erscheint, ist also nur eine Entwicklung dieser Idee, ohne welche es ebensowenig eine Welt als ein Christentum geben würde. Daß die Idee der Dreieinheit keine speziell christliche ist, erhellt ja auch daraus, daß man so viele Spuren und Andeutungen derselben anderwärts hat finden wollen. Ist man doch in neuerer Zeit soweit gegangen zu behaupten, sie sei bloß eine aus dem Neuplatonismus in das Christentum übergetragene. Dies ist nun freilich ein völlig unhistorisches Vorgeben. Es findet sich zwar bei den Neuplatonikern eine Lehre, welche *hê tôn triôn theôn paradosis* (die Überlieferung der drei Götter) genannt wird, sie unterscheiden nämlich allerdings drei Götter, wie sie sagen, den ersten nennen sie den Ahnherrn, den zweiten den Sohn (soweit scheint eine Ähnlichkeit mit der christlichen Idee zu sein), den dritten nennen sie den Sohn des Sohns, also den Enkel des ersten, und wer ist dieser dritte? etwa der Geist? Keineswegs, sondern der *kosmos*, die Welt. Hier geht also die Genealogie abwärts, anstatt aufwärts. Es wäre immer noch wahrscheinlicher, diese neuplatonische Vorstellung von der schlechtverstandenen oder übelangewendeten christlichen Lehre abzuleiten, als umgekehrt. Dagegen hat man von jeher bemerkt, daß eine Spur dieser Idee in allen Religionen der Vorwelt sich findet; die Philosophie der Mythologie führt sogar den Beweis, daß materiell wenigstens eine Dreizahl göttlicher Potenzen die Wurzel bildet, aus welcher die religiösen Vorstellungen aller uns bekannten und nur einigermaßen bemerkenswerten Völker erwachsen sind. Man hat dies ehmals erklärt aus einer entstellten Kunde von der geoffenbarten Lehre, aus einer verwirrten historischen Überlieferung, welche die Heiden von einer Dreiheit in dem göttlichen Wesen etwa aus den Urzeiten der Offenbarung erhalten hätten. Allein weit eher wird man daraus zu schließen haben, daß jene Idee vielmehr eine allgemein menschliche, mit dem menschlichen Bewußtsein selbst verwachsene sei. Diese Erscheinung beweist also vielmehr, daß die Idee *an sich* und abgesehen von der Entwicklung, welche sie allerdings erst durch die Erscheinung Christi erhalten hat, älter als das historische Christentum ist. Seit den ersten Jahrhunderten übrigens, wo diese Idee als allgemeines christliches Dogma aufgestellt wurde, *seit* dieser Zeit hat sie den menschlichen Scharfsinn vielfach beschäftigt. Schon ein Teil der Kirchenväter versuchte philosophische Begriffe mit dieser Lehre zu verbinden. In neueren Zeiten haben die zwei universellsten Geister der Deutschen, die erst in Goethe wieder einen Mann ihresgleichen fanden, Leibniz und Lessing, den philosophischen Sinn dieser Lehre, der gleichsam jederzeit geahndet wurde, zu ergründen gesucht. In der neuesten Zeit, nachdem durch die Philosophie eine Dreiheit von Begriffen, gleichsam als notwendiger Typus der Vernunft, eingeführt worden, sind philosophische Deduktionen der Dreieinigkeitslehre, fast könnte man sagen, *Mode* geworden. Indes muß ich wiederholt bitten, *die* Ansicht, welche sich aus meinen philosophischen Entwicklungen ergibt, von jenen philosophischen Deduktionen wohl zu unterscheiden. Denn:

1. jeder, der mit diesen einigermaßen bekannt ist, sieht wohl, daß sie schon *materiell* von dieser sich wesentlich unterscheiden. Namentlich wenn die zweite Person oder der Sohn als das Reale der Natur bestimmt wird (etwa weil die Natur das Ansehen einer leidenden und sterbenden Gottheit darbietet), so ist dies nicht nur eine an sich unstatthafte, sondern auch eine von unserer Ansicht gänzlich abweichende Darstellung. Der Sohn ist nicht das unmittelbare Prinzip der Natur, sondern vielmehr die dieses unmittelbare Prinzip der Natur überwindende, versöhnende, die das außer sich Seiende und insofern Verlorene wiederbringende Potenz.

2. ist zu bemerken, daß auch die Dreieinigkeitslehre bloß abstrakt, im Begriff aufgefaßt werden kann. Aber mit diesen bloßen abstrakten Auffassungen lassen sich jene geschichtlichen Verhältnisse nicht begreifen, die *mit* zu der vollständigen christlichen Dreieinheitslehre gehören. Unter allen philosophischen Erklärungen dieser Art stimmt eine, die ich eben bei Gelegenheit dieser Vorlesungen bei Leibniz gefunden, am meisten mit unserer Ansicht überein. Leibniz äußert bei Gelegenheit der Einwürfe eines Sozinianers (Wissovatius), die Einheit des Wesens stehe mit der *Dreiheit* (der Persönlichkeiten) in keinem Widerspruch, »da, fährt er fort, der *Geist* auch Eins ist«, oder, um seine eignen Worte anzuführen: »cum una sit mens, quae, quando reflectitur in se ipsam , *est id, quod intelligit, quod intelligitur,* et id, quod *intelligit et intelligitur.* Nescio, setzt Leibniz hinzu, an quicquam clarius dici possit«. Der Geist, wenn er sich in sich selbst reflektiert, ist Erkennendes (id, quod intelligit), Erkanntes (id, quod intelligitur), und das, was *als* Erkennendes zugleich Erkanntes und *als* Erkanntes Erkennendes ist. Oder kürzer ausgedrückt: der selbstbewußte Geist ist Subjekt, Objekt und Subjekt-Objekt, und in dem doch nur Einer. Das Erkennende, id, quod intelligit, ist dasselbe mit unserm an-sich-Seienden; id, quod intelligitur, ist der Geist als der für sich (als Gegenstand von sich) seiende, und id, quod intelligit et intelligitur, ist der Geist, der im an- *sich*-Sein *für* sich ist, und dieser Dreiheit unerachtet ist der Geist doch kein materielles Außereinander, sondern nur *Ein* Geist. Allein so angemessen diese Erklärung der ersten, noch nicht *weiter* entwickelten Idee ist, so wenig erreicht sie die ganze und vollkommen entwickelte Idee der Dreieinigkeit. Denn z.B. der Geist, inwiefern er das Erkennende ist, ist er doch nicht eine *andere* Persönlichkeit, als inwiefern er das Erkannte ist, es sind hier nicht drei Persönlichkeiten, sondern immer nur Eine Persönlichkeit. In der Dreieinigkeitslehre aber, wie wir alle wissen, ist von drei Personen die Rede, deren jede, wie die Theologen sagen, für sich subsistiert, eine *eigne* Subsistenz hat. Dies zu erklären, reicht also jene allgemeine und noch immer abstrakte Idee nicht hin, und überhaupt ist diese unfruchtbar, indem sie für sich selbst nicht weiter führt; auch bloß philosophisch ist mit jener Idee allein nichts anzufangen; um sie philosophisch fruchtbar zu machen, muß der Gedanke hinzukommen, daß eben das, was in jener Idee das bloß an sich Seiende ist, in das objektiv, das außer sich Seiende sich erheben und übergehen kann. Also daß in jenem an sich Seienden der Stoff, die Veranlassung, die Möglichkeit einer Spannung liegt, darin erst liegt das Eigentümliche und zugleich die wahre Stärke meiner Idee, das erst sichert ihr eine dauernde und bleibende Wirkung auf die Wissenschaft; denn erst damit wird jene Einheit eine lebendige, in sich bewegliche, und man sieht zunächst wenigstens die Möglichkeit ein, von ihr aus zu drei sich gegenseitig ausschließenden Potenzen – zu einem wahren *Leben* zu gelangen. Diese Möglichkeit bahnt aber wieder den Weg, um die eine und selbe Gottheit als drei Persönlichkeiten zu begreifen. Erst also in der Lehre von einer möglichen gegenseitigen Ausschließung der Potenzen, *während* sie in Gott und also geistig Eins bleiben – erst darin liegt der mögliche Übergang zur Dreieinigkeitslehre. Doch sind wir nicht durch letztere allein aufgefordert, jenen Übergang zu zeigen. Auch als eine rein philosophische müßte unsere Entwicklung bis zur höchsten Steigerung der anfänglichen Idee fortgehen, um nicht unter der *möglichen* Entwicklung zurückzubleiben. Allein der eigentliche Zweck des gegenwärtigen Vertrags bringt es noch

überdies mit sich, daß wir uns schon hier über die christliche Dreieinheitsidee erklären. Denn unsere Absicht geht auf eine Philosophie der Offenbarung, also vorzüglich des Christentums. Nun habe ich aber soeben gezeigt, daß die Idee der Dreieinheit in Gott nicht etwa ein einzelnes Dogma, eine einzelne Satzung des Christentums, sondern vielmehr dessen Voraussetzung selbst sei, oder dasjenige, ohne welches das Christentum gar nicht in der Welt existieren würde. Diese Idee verhält sich daher auch als Voraussetzung einer Philosophie der Offenbarung, ohne welche in diese auch nicht einmal der Eingang gefunden werden könnte. Die Lehre von den Potenzen, ihrer gegenseitigen Ausschließung und dem dadurch gesetzten Prozeß ist schon hinreichend zur Erklärung der Mythologie. Zum Verständnis der *Offenbarung* ist schlechterdings jene höhere Steigerung der ganzen Ansicht erforderlich. Durch diese werden wir also den Grund zu der künftigen Philosophie der Offenbarung legen. Ich werde übrigens in der nun folgenden Auseinandersetzung nicht bloß die philosophische Notwendigkeit zeigen, sondern das auf dem Weg der philosophischen Folgerung Gefundene immer auch sogleich geschichtlich, und zwar urkundlich, nämlich in den Urkunden der Offenbarung, nachweisen. – Ich werde ebensowenig bloß *dogmatisch*, im gewöhnlichen Sinn des Worts, verfahren, d.h. ich werde nicht unmittelbar darauf lossteuern, die Lehre mit allen ihren zum Teil scholastischen Bestimmungen, wie sie in der Theologie vorgetragen werden, philosophisch herauszubringen. Auch hier werde ich jenem in höherem Sinne *geschichtlichen* Geist treu bleiben, der der Geist meiner ganzen Philosophie ist.

Ich fahre nun in der Entwicklung selbst fort.

Wenn einmal das seiner *Natur* nach nicht *Seiende*, das eben darum nur durch ausdrückliches Wollen sein kann, wenn einmal dieses zum Sein erhoben und damit die Spannung gesetzt ist, so verhält sich die unmittelbar negierte, in Spannung gesetzte Potenz – die zweite – zunächst *nur* als Potenz, als aus dem actus purissimus des göttlichen Lebens Gesetztes, das i nsofern allerdings nicht Gott ist, obwohl auch nicht schlechterdings nicht Gott. Wenn nun aber diese Potenz die Spannung überwunden, jenes Kontrarium wieder *in* sich selbst, in sein An-sich zurückgebracht hat, wo es dann unmittelbar wieder zum Setzenden, Aushauchenden des Dritten wird, des eigentlich sein Sollenden – kurz, wenn nun aller Widerstand überwunden ist, so ist ja eben damit der reine Fluß des göttlichen Lebens wiederhergestellt, und die Potenz, *durch* welche dies alles vollbracht worden, diese Potenz hat eben damit selbst aufgehört, außergöttliche, d.h. außer jenem actus purissimus gesetzte Potenz zu sein, sie tritt in ihre Gottheit wieder zurück, aber weil sie einmal für sich seiende gewesen war und sich durch Überwindung des Gegenteils verwirklicht hat, so tritt sie nun als eine eigne Persönlichkeit in die Gottheit zurück, sie ist daher eine zweite göttliche Persönlichkeit, obgleich nur derselbe *Gott*, der der Vater ist. Denn der Vater ist der alles in Spannung und Wirkung setzende und insofern der ganze Gott; er ist *vor* dem Aktus der, bei dem alles steht, penes quem sunt omnia, in dessen Macht alle jene Potenzen stehen, von dem es abhängt, diese Potenzen als solche, als für sich seiende und sich gegenseitig ausschließende, zu setzen und nicht zu setzen – dies ist er vor allem Aktus, *im* Aktus selbst ist er der alles in Wirkung setzende, den Sohn zeugende. Dieser nun, solange er noch in der Überwindung, d.h. in der Selbstverwirklichung begriffen ist, so lange ist er noch nicht in seiner Gottheit offenbar. Durch die Zeugung ist der Gezeugte nur erst in die Notwendigkeit *sich selbst* zu verwirklichen gesetzt, aber der Aktus dieser Selbstverwirklichung dauert bis zur Zeit der vollkommenen Geburt, erst am Ende ist der Sohn wirklicher Sohn, und da dieses Ende das Ende der Schöpfung ist, so ist der Sohn zwar am Anfang der Schöpfung schon gezeugt, aber als Sohn verwirklicht erst am Ende der Schöpfung. Als der wirkliche Sohn ist er nun aber auch wirklich eine zweite göttliche Persönlichkeit, ohne daß darum substantiell zwei Götter wären. Denn es ist nur ein und dasselbe Substantielle, welches der Vater ursprünglich besitzt, und welches der Sohn nun auch, obwohl auf andere Weise, besitzt (das Besitzen macht eben die Herrlichkeit, das Herr-Sein aus), es ist dasselbe Substantielle, welches der Vater ursprünglich besitzt als ein in Spannung und Wirkung zu Setzendes, und welches er wirklich in Spannung setzt und während der Schöpfung in Spannung erhält, und es ist nicht ein anderes Substantielles, sondern dasselbe Substantielle, welches der Sohn besitzt, aber als ein zur Einheit wiedergebrachtes, und da die Gottheit eben nur in der absoluten Herrlichkeit (im Besitz alles Seins) besteht, so ist also die Gottheit des Vaters und die Gottheit des Sohns nur *Eine Gottheit*, nur eine und dieselbe Herrlichkeit, und dennoch ist die Persönlichkeit des Vaters nicht die Persönlichkeit des Sohns, und die Persönlichkeit des Sohns nicht die des Vaters.

Man könnte in der hier gegebenen Erklärung etwas sehen, was der in der Theologie behaupteten *ewigen* Gottheit des Sohnes widerspräche oder doch sie zweifelhaft machte. Um aber in diesem Verhältnis klar zu sehen, müssen durchaus Unterscheidungen gemacht werden. Man muß nämlich folgendes unterscheiden. 1. Die ursprüngliche Gestalt des göttlichen Seins, die sich in der Folge als der Sohn offenbart, 2. den Sohn als *solchen*. Bei dem letzteren muß man aber wieder unterscheiden a) den Sohn, sofern er noch im Vater verborgen ist, sofern er als nur für den Vater Sohn ist, b) den Sohn, sofern er auch *außer* dem Vater als Sohn gesetzt ist. Nach dieser doppelten Unterscheidung wollen wir also das Verhältnis nun auseinandersetzen.

Was demnach die ursprüngliche Gottheit betrifft – die Gottheit nicht sowohl des Sohns, als dessen, was in der Folge als der Sohn offenbar wird, so ist ja *diese* (die ursprüngliche Gottheit dessen, was der Sohn ist) durch unsere Erklärung aufs bestimmteste behauptet. Denn das, was in der Folge, ja in einem gewissen, demnächst zu bestimmenden Sinne von Ewigkeit an als der Sohn offenbar wird, eben dieses ist ja nach unserer Erklärung eine *ursprüngliche* Gestalt des göttlichen Seins, in den actus purissimus des göttlichen Lebens ewig oder unvordenklicher Weise verschlungen, ist eine zu der Gottheit Gottes wesentliche Gestalt. Nun können aber die Theologen sagen: dies genügt uns nicht, wir wollen nicht bloß; die ewige Gottheit des Sohnes, dem Wesen, dem ihm zugrunde Liegenden nach, wir behaupten seine ewige Gottheit *als Sohn*. Hier kommt nun jene zweite Unterscheidung zur Sprache (zwischen dem Sohn, sofern er noch bloß in dem Vater und für den Vater ist, und dem Sohne, sofern er auch *außer* dem Vater als Sohn gesetzt ist). Allein dies läßt sich nicht deutlich auseinandersetzen, ohne uns nochmals die ganze Folge der bis jetzt angenommenen Momente zurückzurufen. Ermüden *Sie* nicht; diese genauere Auseinandersetzung wird sich durch die Klarheit und Deutlichkeit des Resultats belohnen, wenn *Sie* dieses auch nicht gleich voraussehen.

Der Gang oder die notwendige Folge des philosophischen Denkens, wie *Sie* wissen, ist folgender. Zuerst ist nur Gott als absoluter, vollendeter Geist gesetzt, der nicht in der Notwendigkeit ist in das Sein überzugehen, der sich selbst besitzt, sich selbst hat, und eben darum *besteht*. Unsere erste Bemühung war nur diesen *bestehenden*, selbständigen Geist zu erlangen. Bis dahin ist nichts als reine Ewigkeit. An diesen ersten Moment schließt sich aber unmittelbar der andere: – also *von* Ewigkeit, von da an, daß jener vollkommene Geist Ist oder besteht, von da an folgt der zweite, in welchem sich ihm die Möglichkeit eines Seins außer ihm darstellt, das jedoch nur durch ihn – durch *sein* nicht vorübergehendes, sondern immerwährendes Wirken – möglich ist, das er also auch in der Folge immerfort besitzen und beherrschen wird. Indem sich ihm die Möglichkeit dieses Seins darstellt, wird er sich auch schon inne als *Herrn* dieses Seins, oder er wird sich inne als bereits *besitzend* dieses Sein, zwar nicht es besitzend als Wirklichkeit, aber doch es besitzend als Möglichkeit. Hier geht also der Begriff *Gott* gleich über in den Begriff des Vaters, als des ursprünglichen Herrn, als dessen, bei dem *ursprünglich* alle Gewalt ist, des Vaters, inwiefern darunter der Ahnherr, der Anheber alles Seins verstanden wird. In diesem Moment, wo Gott nun schon als Vater (in dem angegebenen Sinn) bestimmt ist, in diesem Moment ist das, was der Sohn sein wird, noch in dem Vater, verborgen in ihm, als eine notwendige Gestalt seines Seins – aber von ihm schon *erkannt* als der künftige Sohn und von ihm *geliebt* als solcher, weil der Vater in ihm eben das erkennt, wodurch er *frei* ist, ein Sein *außer* sich zu setzen, und da die *Herrlichkeit*, d.h. die Gottheit des Vaters, nur eben in dieser *Freiheit* besteht, so muß man erkennen und aussprechen, daß auch *hier* schon der Sohn beiträgt oder notwendig ist zu der Gottheit, *d.h.* zu der Herrlichkeit des Vaters, oder daß auch hier schon die Gottheit, d.h. die Freiheit des Vaters (das Sein außer sich zu setzen), ohne den Sohn, d.h. ohne den, den er schon als Sohn sieht und liebt, nicht möglich wäre. Denn diese Freiheit gewährt ihm nur die zweite Gestalt seines Seins, der künftige Sohn, den er eben darum schon als Sohn voraussieht und liebt.

Sie sehen also, in welchem Sinn wir die Ewigkeit auch des Sohns *als solchen* behaupten, nämlich als des vom Vater voraus erkannten und geliebten. Aber der Sohn in diesem Sinn ist eben der nur erst *für* den Vater seiende Sohn, er ist noch nicht aus dem Vater herausgetreten, noch nicht als Sohn auch *außer* ihm gesetzt. Was nun aber dieses betrifft (was die Frage betrifft, wie der Sohn auch außer dem Vater als Sohn gesetzt ist – es war das letzte Glied (b) unserer obigen Unterscheidungen -) so müssen wir es bestimmt aussprechen, daß diese Hinaussetzung des Sohns, welche eigentlich erst Zeugung heißen kann, daß diese eben erst da gedacht werden kann, wo überhaupt erst von einem Hinaussetzen die Rede ist, d.h. im Anfang der Schöpfung. Hier erfordert es jedoch die Aufrichtigkeit meines Vertrags, zu bemerken, daß die theologische Dogmatik sonst und früher wenigstens von einer *ewigen Zeugung* des Sohns sprach. Nun habe ich zwar soeben gezeigt, daß die Nichtbehauptung einer in diesem Sinn (nämlich im Sinn der älteren Theologie) ewigen Zeugung und sogar der Widerspruch gegen dieselbe darum nicht sofort die Ewigkeit des Sohns selbst, weder seine Ewigkeit dem Wesen nach, noch selbst seine Ewigkeit als Sohn ausschließt, nämlich als Sohn, sofern er noch bloß für den Vater Sohn ist; was sie ausschließt, ist nur seine Ewigkeit *als* Herausgesetztes des Vaters, als des Sohns, der außer (praeter) dem Vater ist. Es liegt ferner am Tage, daß, wenn nur ein für sich bestehendes Wesen wirklich gezeugt heißen kann, der Sohn, inwiefern er noch ungeschieden von dem Vater und keine Persönlichkeit außer ihm ist, nicht gezeugt heißen kann, und daß, wenn er ewig mit dem Vater eins *ist*, er in dieser Einheit nicht zugleich vom Vater gezeugt sein kann (wenigstens müßte alsdann dieses Wort in einem ganz uneigentlichen Sinn genommen werden). Indes, um alle Gerechtigkeit zu erfüllen, will ich mich mit dieser Bemerkung nicht begnügen, sondern mich noch umständlicher über diesen Begriff erklären. Ehe ich mich jedoch darauf einlasse, finde ich es angemessen, über die Natur und den wahren Sinn jener göttlichen Zeugung überhaupt noch einige Erläuterungen zu geben, da von derselben ex professo noch gar nicht, sondern nur in der Absicht, den Begriff des Sohnes zu begründen, die Rede war. Darauf werden sich dann auch folgende Bemerkungen unter b) beziehen. Ich werde aber diese hier zu machenden Bemerkungen wieder abteilen. – Also

α es ist schon erinnert worden, daß nur der *ganze* Gott (nicht eine einzelne Gestalt, noch viel weniger eine einzelne Potenz) der Vater heißen könne. Jene potentia existendi, als welche sich dem Vater das an sich Seiende seines Wesens vorstellt, diese ist nicht das Zeugende selbst, sondern nur die potentia generandi, nicht der Vater, sondern nur *to gonimon tou patros*, die zeugende Potenz des Vaters. In der Spannung, welche durch die Erhebung dieser Potenz gesetzt wird, ist das göttliche Sein äußerlich suspendiert, da aber der ganze Prozeß auf Wiederherstellung des göttlichen Seins geht (wie er denn eben darum auch ein theogonischer genannt worden), und da jene Wiederherstellung in dem Verhältnis geschieht, als die zuerst aus der Einheit herausgetretene Potenz wieder in diese zurückgebracht wird, so verhält sich diese Potenz, um deren Wiederbringung der ganze Prozeß gleichsam sich dreht, die insofern das Substrat, das Hypokeimenon, die Materie des ganzen Gott setzenden Prozesses ist, so verhält sich, sage ich, diese Potenz im ganzen Prozeß als die ’Materie des Gottsetzens, als die eigentlich Gott setzende Materie, ein Begriff, der unter den Abstraktionen der gewöhnlichen Dreieinigkeitslehre (denn überhaupt ist die bisherige Dogmatik durch bloße Abstraktionen von den Aussprüchen der Schrift, nicht durch ein begreifendes Erzeugen oder erschöpfendes Konstruieren der Lehre in ihrer Totalität entstanden) – unter diesen Abstraktionen der gewöhnlichen Dreieinigkeitslehre also mag jener Begriff der Gott setzenden Materie als ein höchst fremdartiger erscheinen; es ist aber vielleicht nicht unmöglich, eben diesen Begriff als einen sogar wörtlich in der Schrift vorkommenden zu behaupten, wie ich denn bei dieser Gelegenheit auch bemerken will, daß sowohl der frühere Ausdruck, indem ich den actus purissimus des göttlichen Seins die *ewige* Theogonie, den durch *Widerstand* vermittelten Aktus des göttlichen Seins die auseinandergesetzte, in ihren einzelnen Momenten erkennbare Theogonie, oder auch den theogonischen *Prozeß* genannt habe, ferner die Verbindung, in welche ich den Begriff *theogonisch* mit der christlichen Dreieinigkeitslehre setze – selbst dieser Gebrauch des Worts theogonisch ist nicht ohne kirchliche Auktorität. Die insgemein dem Dionysius Areopagita zugeschriebenen Schriften sind zwar wohl insofern untergeschoben, als sie wenigstens von dem Dionysius, der in der Apostelgeschichte erwähnt wird und den Paulus während seines Aufenthalts in Athen bekehrte – als sie von diesem gewiß sich nicht herschreiben, aber sie gehören doch in die ersten Jahrhunderte und sind nicht ohne Einfluß auf die Entwicklung oder wenigstens auf manche Bestimmungen des späteren dogmatischen Lehrbegriffs geblieben. Nun eben dieser Dionysius Areopagita braucht das Wort *theogonos theotês*; (die gottzeugende Gottheit) von dem Vater; *hê theogonos* aber, d.h. die gottgezeugte Gottheit ist ihm der Sohn und der Geist.

β Was den *Moment* der Zeugung betrifft, so habe ich schon bemerkt, daß wenn die Zeugung eigentlich, d.h. als ein wirkliches hinaus- oder außer-sich-Setzen des Sohns, vorgestellt wird, die Zeugung in diesem *eigentlichen* Sinn sich nur mit der Schöpfung zugleich denken läßt. Der Anfang der Schöpfung ist auch der Anfang der Zeugung des Sohnes. Nun ist aber auch jener Akt oder jenes Wollen, mit dem die Schöpfung anhebt, nicht als ein bloß vorübergehendes, es ist als ein bleibendes, immerwährendes und in *diesem* Sinn ewiges zu denken. Der Vater setzt nicht etwa einmal oder momentan die Spannung der Potenzen und geht alsdann davon weg, etwa wie der Mensch von einer einmal getanenen Sache weggeht, denn die Potenzen können nie anders aus der Einheit hervortreten, als wie sie das erstemal hervorgetreten sind; Christus sagt ausdrücklich: Mein Vater wirket bis jetzt, *ho patêr mou heôs arti ergazetai*. Der Akt oder das väterliche Wollen, durch welches die zuvor als möglich ersehene Spannung nun *wirklich* gesetzt wird, dieses Wollen ist zwar kein voraussetzungsloses, blindes, notwendiges – es ist ein schon vermitteltes Wollen, aber darum doch nicht ein zeitliches, selbst in der Zeit begriffenes oder auf einen Moment eingeschränktes, es ist vielmehr das die Zeit erst einsetzende – Zeit und Ewigkeit selbst erst scheidende – Wollen, das insofern selbst nicht von der Zeit ergriffen sein kann, sondern als das Setzende der Zeit über der Zeit ist und immer über ihr bleibt. Und so wie dieses Wollen, dieser Aktus, ist daher auch die Zeugung eine immerwährende und in diesem Sinn ewige. Ewig, d.h. immerwährend, setzt der Vater die Spannung, und hört nicht auf sie zu setzen, damit ewig, d.h. immerwährend, der Sohn geboren werde, und so eine ewige Freude der Überwindung und des Überwundenwerdens entstehe. *In diesem* Sinn behaupten wir also selbst eine ewige Zeugung des Sohnes, aber die von den Theologen behauptete ist nicht in diesem Sinn gemeint.

Eine dritte Bemerkung, die ich unter b) noch geben will, betrifft g den Hergang oder das *innere* Verhältnis der Zeugung.

Zeugung überhaupt wird der Vorgang genannt, in welchem irgend ein Wesen ein anderes von sich unabhängiges, ihm übrigens gleichartiges, nicht unmittelbar als *wirklich*, wohl aber in die Notwendigkeit setzt sich selbst (proprio actu) zu verwirklichen. Jene absolute Persönlichkeit, die wir uns als den Vater denken, setzt also den Sohn nicht unmittelbar als *wirklich*, nicht *darin* besteht die Zeugung, diese geschieht vielmehr dadurch, daß der Sohn (d.h. das was der Sohn sein wird) aus dem ursprünglichen Sein gesetzt, *negiert*, potentialisiert, und vielmehr als nicht *seiend*, denn als seiend, gesetzt wird. Aber eben diese Negation setzt ihn, der seinem Wesen nach das *rein*, aber eben darum das potenzlos, das unvermögend Seiende ist, in die Notwendigkeit, sich zu verwirklichen, also das Entgegenstehende zu überwinden. Die Zeugung besteht vielmehr in einer Ausschließung (exclusio) als in einem Setzen, aber eben dieses Ausschließen gibt das rein Seiende, das, *weil* es dies ist, sich selbst nicht hat, *sich selbst*, setzt es als für sich seiende Potenz, und gerade die Negation gibt ihm die Kraft, die es für sich selbst und ohne Vermittlung einer Negation gar nicht finden könnte, die Kraft actu zu sein; actu nämlich kann es nur sein, indem es den ihm entgegenstehenden Aktus (den aktivgewordenen Willen, der eigentlich ruhen, nicht wirken sollte) wieder zur Potenz überwindet, und dadurch sich selbst zum reinen Aktus wiederherstellt, wo es dann nicht mehr bloß das Gezeugte des Vaters ist, sondern – der Sohn (der eigentlichste Ausdruck, der sich für dieses Verhältnis finden läßt).

Diese aus unsern Prinzipien fließende Theorie stimmt aber aufs genaueste mit dem überein, was Christus selbst über das Verhältnis des Vaters zu dem Sohn bei Johannes (5, 26) äußert, wo er sagt: Denn gleichwie der Vater Leben hat *in sich selbst* (*echei zôên en heautô*), so hat er auch dem Sohn *gegeben edôke*) das Leben zu haben in ihm selbst. »Das Leben in sich selbst« bedeutet eben das Leben als eigne Persönlichkeit. Dieses Leben hat der Vater als ein ungegebenes, ursprüngliches. *Er kann* – denn das Leben besteht im Können – unmittelbar, *was er will*, dem

Sohn aber muß das Können, die Potenz, erst gegeben werden, denn er ist in sich das Sein ohne alles Können, und insofern ohne alle Macht. Die *väterliche* Potenz, das an sich Seiende Gottes, ist das *unmittelbar* sein Könnende, die Potenz des Sohnes aber ist als Potenz, d.h. als Können, nur *mittelbar*, nämlich nur durch Ausschließung von der ersten zu setzen. Die erste Potenz ist das nur nicht selbstisch *Seiende*, aber doch selbstisch sein Könnende, diese aber (die Potenz des Sohns) ist eigentlich Nichtpotenz, sie wird erst zur Potenz *erhöht*, sie ist das für sich selbst schlechthin Unselbstische, gar nicht selbstisch sein Könnende. Das Wesen des Sohns ist, der Wille zu sein, der nicht das Seine sucht. Der Sohn hat gleichsam keinen eignen Willen, sondern sein Wille ist eigentlich nur der in ihn gelegte Wille des Vaters, nämlich der *wahre* Wille des Vaters, den dieser nicht unmittelbar zeigen kann, und den er daher in die zweite Persönlichkeit, in den Sohn legt. Hieraus eine zweite *Eigentlichkeit* des Begriffs der Zeugung. Man erfreut sich wohl im menschlichen Leben zwischen Vater und Sohn außer der physischen auch eine moralische Ähnlichkeit zu finden; eine große Beglaubigung der Abkunft sind in vielen Fällen die moralischen Eigentümlichkeiten, die vom Vater auf den Sohn, oder (wie man bemerkt haben will, noch entfernter) vom Ahnherrn auf den Enkel übergehen. Dies ist aber bei menschlichen Abstammungen ungemein vielen Zufällen unterworfen, dagegen ist man berechtigt, in jener Urzeugung, von der erst alle andere sich ableitet, Der Begriff Zeugung ist nicht aus der Natur entlehnt, sondern umgekehrt von dem höchsten aller Verhältnisse ist das, was wir in der Natur Zeugung nennen, nur ein entferntes Bild. Eigentlich ist also die Zeugung in der Natur etwas Bildliches, – nicht aber jene Urzeugung. dieses Verhältnis in der größten Vollkommenheit zu erwarten. Doch findet hier noch das Besondere statt, daß der Vater seinen wahren Willen nicht *unmittelbar* zeigen kann, daß er unmittelbar nur das Kontrarium, das Wiederspiel von dem, was er eigentlich will, darzulegen vermag, die Nicht-Einheit statt der Einheit, wie dies früher hinlänglich gezeigt worden ist; eben dies legt ihm die Notwendigkeit auf, seinen wahren Willen in den Sohn zu legen, indem er das, was er eigentlich will, nicht unmittelbar, sondern nur mittelbar, also nur durch eine zweite Persönlichkeit erreichen kann, in die er seinen Willen legt. Diese zweite Persönlichkeit (der Sohn) heißt darum *eikôn tou theou tou aorôtou*, das *Bild* des unsichtbaren Gottes, 2. Col. 1, 15. d.h. eben des Vaters, der unsichtbar ist, schon darum, weil er selbst nie in den Prozeß eingeht, wie der Sohn allerdings mit in den Prozeß eingeht, während der Vater als absolute Ursache, als der nur die Spannung setzende, selbst außer der Spannung bleibt; der Vater ist aber auch noch in dem besondern Sinn der unsichtbare, daß er seinen wahren Willen verbirgt, dieser wahre Wille wird also nur sichtbar, d.h. offenbar, durch den Sohn, und insofern ist dieser Bild des unsichtbaren Gottes, oder, wie ihn derselbe Apostel anderwärts 3. Hebr. 1, 3. nennt, der Abglanz, der Wiederschein (*apaugasma*) des Vaters, der Abdruck seines *wahren* Wesens. Könnte dieses wahre Wesen des Vaters unmittelbar erscheinen, so bedürfte es keines solchen Abdrucks noch Widerscheins. Diese Ausdrücke wären ganz unangemessen, wenn der Sohn nicht wirklich eine zweite Persönlichkeit, eine Persönlichkeit außer dem Vater wäre. Denn das, worein ein anderes sich reflektieren, widerscheinen soll, muß doch etwas außer dem sich Reflektierenden sein. Darum ist das eigentlich Wirkende in dem Sohn doch nur der Wille, der wahre Wille des Vaters. Nichts wird häufiger wiederholt, als daß der Sohn von sich selbst (*aph' heautou*) nichts tun könne, daß er nichts anderes tut, als was der in ihm lebende Vater ihm zeigt (*deiknysin*). Joh. 5, 19. 20.

Sie sehen, daß dies alles völlig übereinstimmt mit der *Natur* derjenigen Potenz, die wir als die zweite in der Schöpfung, als die eigentliche demiurgische, als die, *durch* welche alles geschieht, erkannt haben. Man wird nicht einwenden können, alle jene Ausdrücke des Neuen Testaments seien von dem schon als Erlöser in die Welt Gekommenen gebraucht und bezögen sich auf das Verhältnis des Menschgewordenen zum Vater. Denn da das Spätere dem Früheren nur analog sein kann, so beziehen sich diese Ausdrücke immerhin ebensowohl auf das ursprüngliche Verhältnis des Sohnes zum Vater.

Sie sehen also daraus, daß unsere Lehre von der All- Einheit und von dem Verhältnis der Potenzen den Schlüssel nicht bloß der Mythologie, sondern auch jener Lehre, aus der das ganze Christentum sich entwickelt hat, und demnach des Christentums selbst enthält.

Nachdem ich nun alles, was in bezug auf den Begriff der Zeugung noch einer Erläuterung zu bedürfen scheinen konnte, erklärt habe, so will ich nun d die Annahme einer *ewigen* Zeugung des Sohns noch etwas näher beleuchten. Die älteren Theologen nämlich verstehen diese ewige Zeugung nicht in dem Sinn, in welchem wir selbst soeben eine ewige Zeugung behauptet haben; sie verstehen darunter nicht bloß eine Zeugung im Anfang der Zeit, nicht bloß die durch alle Zeit hindurch wirkende, *immerwährende*, sondern eine Zeugung *vor* aller Zeit, *pro pantôn aiônôn*, also auch vor dem Anfang der Zeit, mit Einem Wort, eine *absolut*-ewige. Es leuchtet aber ein, daß eine ewige Zeugung in *diesem* Sinne auch nur eine aus der Natur Gottes selbst folgende sein könnte. *Vor* allem Willen, durch die bloße Notwendigkeit seines Gottseins würde Gott, inwiefern er der bloß *an* sich seiende ist, sich in einer zweiten Gestalt als den *für* sich selbst seienden setzen, und wenn man das Wort zeugen nicht im genaueren, sondern in einem weiteren Sinn nehmen wollte, könnte man etwa sagen: durch die bloße Notwendigkeit seiner Natur wird Gott, wenn er als der an sich seiende bestimmt ist, wie er denn *unmittelbar* nur als dieser gedacht werden kann – der so gedachte also wird vor allem Wollen, vor aller Tat durch die bloße Notwendigkeit seiner Natur sich in einer zweiten Gestalt setzen *oder* zeugen als den für sich seienden. Wie gesagt aber wäre dabei das Wort zeugen in einem weiteren Sinn genommen, wie die Theologen insofern selbst anerkennen, als sie die Erklärung aufstellen: gignere est naturae, creare voluntatis. Der Sohn wird *gezeugt* vermöge der bloßen Natur des Vaters (ohne Willen, willenlos), die Kreatur dagegen wird erschaffen, d.h. nur mit Willen gesetzt. Aus dieser Entgegensetzung von gignere und creare ist klar, warum die älteren Theologen diesen Wert auf den Begriff einer ewigen Zeugung legten. Bekanntlich wollte Arius den Sohn als ein Geschöpf, zwar als das erste, Gott nächste und unmittelbarste, aber doch als Geschöpf angesehen wissen. Darum mußten alsdann die Rechtgläubigen sagen, der Sohn sei von dem Vater nicht *wollend*, wie die Kreatur, hervorgebracht, sondern *necessitate naturae* gezeugt. Damit ist aber der Begriff der Zeugung selbst wesentlich verändert, denn es ist nicht wahr, was sie sagen: gignere est naturae, wenigstens nicht merae naturae, die Spontaneität läßt sich nicht absolut von dem Begriff ausschließen; der Wille ist zwar nur –, aber er ist doch das notwendige Antezedens, der Effekt ist nicht die *bloße* Folge des Willens, sondern einer an den Willen sich anknüpfenden natürlichen Notwendigkeit. Aber eben daraus ergibt sich, daß in dem wahren und eigentlichen Begriff der Zeugung beides, Wille und Notwendigkeit, verknüpft sind. Die *ewige* Zeugung wird daher auf jeden Fall nur in einem uneigentlichen Sinn behauptet, und doch sagen dieselben Theologen, die Zeugung des Sohnes sei *nicht* eine bloß uneigentliche und metaphorische, sondern eine eigentliche. Da nun aber dieser ganze Begriff aufgestellt worden im Gedräng des Streites gegen eine Meinung, welche wir durch ganz andere Mittel beseitigen können (die Geschöpflichkeit des Sohns), so verliert dieser Begriff (der Begriff einer ewigen Zeugung im *strengen* Sinn) seine Wichtigkeit, wie er denn auch seit geraumer Zeit schon selbst von den übrigens strengsten und rechtgläubigsten Theologen aufgegeben ist.

Man muß eine besondere Liebhaberei für die extremsten Bestimmungen oder für Antiquitäten haben, um auf einem solchen Begriff zu bestehen, der weder ein an sich notwendiger ist, noch einen wahren Grund in dem N. T. hat. Was wirkliche Behauptung des N. T. ist, kann aus unsern Prinzipien vollkommen erklärt werden. Notwendig zu behaupten ist 1. ein ewiges Sein des Sohns dem *Wesen* nach. In diesem Sinn sagt Johannes von dem Logos: *ho logos theos ên*, er war Gott, *theos*, nicht *ho theos*; (denn er war Gott nicht für sich, sondern mit den andern Gestalten, *ho theos*; bezeichnet immer den ganzen, der seinesgleichen nicht hat), wohl aber *war* er Gott, *theos*. Hierbei aber ist der Begriff der Zeugung nicht anwendbar. Denn das Gezeugte muß *außer* dem Zeugenden sein. In jener *ewigen*, aller Zeit zuvorkommenden Einheit ist aber das Wesen des Sohns nur begriffen in dem göttlichen Leben, es ist noch nicht einmal als Potenz gesetzt, sondern selbst noch *reiner* Aktus und verschlungen in den actus purissimus des göttlichen Lebens, begriffen in diesem, den wir selbst eine ewige Theogonie genannt haben, aber eben, weil dieser actus purissimus die ewige Theogonie selbst ist, so kann er nicht insbesondere als Zeugung des Sohns bestimmt werden. Was ferner und 2. notwendig zu behaupten ist, aber auch aus unserer Voraussetzung sich vollkommen erklären läßt, ist, daß der Sohn von Ewigkeit von dem Vater auch als Sohn erkannt, und insofern *von* Ewigkeit *für* den Vater und *in* dem Vater auch *als* Sohn da ist. Gerade nur dieses und nicht mehr ist im Neuen Testament ausgedrückt, wie ich nun durch einige Stellen beweisen will.

Der Apostel Petrus (1, 1, 20) sagt von Christus, er sei *proegnôsmenos men pro katabolês kosmou, phanerôtheis de ep' eschatôn tôn chronôn* er sei voraus *erkannt* vor Grundlegung der Welt (nicht aber, er sei vor Grundlegung der Welt gezeugt), geoffenbart aber erst in den letzten Zeiten. In andern Stellen, besonders des Apostels Paulus, wird ebensowenig von einer ewigen Zeugung, wohl aber von einem ewigen *Vorsatz* gesprochen, den der Vater *in* dem Sohn gefaßt habe, indem er die Welt oder das außergöttliche Sein nur in dem Sohn, nur insofern wollen konnte, als er den Sohn hatte, dem er es unterwerfen, dem er es zur Beherrschung übergeben konnte. So spricht derselbe Apostel im Brief an die Epheser (3,9) von dem Geheimnis, das seit Weltzeiten in Gott verborgen gewesen, nun aber offenbar geworden sei, nämlich von der Absicht der Wiederbringung alles Seins durch Christum, welche Absicht er einen in Christo gefaßten ewigen Vorsatz (eine *prothesis*), nicht aber eine ewige Zeugung nennt. Ebenso spricht er im zweiten Brief an Timotheum (1, 9) von einem vor den Weltzeiten gefaßten Vorsatz, in Christo uns zu begnadigen, nirgends aber von einer Zeugung von Ewigkeit. Die einzige Stelle, welche man sonst für die ewige Zeugung anzuführen pflegte, ist die bekannte Stelle des Psalms, welche der Apostel Paulus (Act. 13, 33) auf den Messias anwendet: Du bist mein Sohn, *heute* habe ich dich gezeugt. Man sagte nämlich, die Ewigkeit ist ein ewiges Heute, ein ewiges Sein, eine ewige Gegenwart ohne Vergangenheit und ohne Zeit – heute heißt also: in der Ewigkeit. Dies ist aber eine ganz willkürliche Deutung; nirgends sonst wird die Ewigkeit durch das Wort »heute« angezeigt. Wollte man das Wort in einem ungewöhnlicheren Sinn nehmen, so wäre bei weitem natürlicher zu sagen: heute bedeute überhaupt die gegenwärtige Zeit; die gegenwärtige Zeit ist aber eben die von der Schöpfung an laufende. Demnach würde jenes Wort soviel heißen: Heute, d.h. mit dem Anfang der gegenwärtigen Weltzeit, habe ich dich gezeugt, aus mir hinausgesetzt. Wenn man aber den Zusammenhang genauer untersucht, in welchem der Apostel jene Worte auf Christum anwendet, so ergibt sich eine noch nähere und einfachere Erklärung. Der Apostel spricht dort von der Auferweckung und Auferstehung Christi. Der Tag der Auferstehung ist aber nach der allgemeinen Überzeugung der Apostel eben der Tag, an welchem der Messias auch als Sohn Gottes *erklärt* worden (Röm. 1, 4). Dieser Tag war der große Tag Christi, den er wahrscheinlich auch selbst meint, wenn er sagt: Abraham sehnte sich, *meinen* Tag zu sehen. Der Sinn jener Rede, in der Anwendung, welche der Apostel davon macht, ist also offenbar dieser: Heute habe ich dich gezeugt – man muß den Nachdruck auf das Perfektum legen – heute kann ich sagen, daß ich dich gezeugt habe, d.h. heute bist du als der Sohn auch äußerlich, öffentlich erklärt.

Nach diesen Erklärungen kann sich also der Begriff der Zeugung des Sohns nicht auf das ewige Sein des Sohns im Vater, sondern nur auf sein Sein *außer* dem Vater beziehen. Dieses Sein *außer* dem Vater kann nun aber nicht eher gedacht werden, als bis überhaupt etwas außer (praeter) dem Vater ist, d.h. es kann erst gedacht werden *mit* der Schöpfung. Der Anfang der Schöpfung ist also auch der Moment der Zeugung, d.h. des *aus* sich Hinaussetzens des Sohns. Diese Ansicht wird nun aber noch außerdem durch einen ganz positiven und meines Erachtens keinen Zweifel zulassenden Ausspruch desselben Apostels völlig bestätigt, der eben da, wo er den Sohn das Bild des unsichtbaren Gottes nennt (Col. 1, 15), ihn auch *prôtotokos pasês ktiseôs*, den Erstgebornen aller Kreatur, nennt. Es kann freilich daraus nicht etwa mit Arius geschlossen werden, daß der Sohn selbst bloß *Geschöpf* sei. Denn 1. nach den Begriffen des Morgenländers ist der Erstgeborene keineswegs den nachgeborenen Brüdern gleich, sondern über sie erhoben, ihr *Herr*. In dem *prôtotokos* liegt also zugleich, daß Christus der *Herr* alles Geschöpfs ist; *er* ist der wahre Erbe, d.h. er ist der, den der Vater als Herrn über alles Sein und damit über alle Kreatur eingesetzt hat. Aber so viel liegt doch in jenem Ausdruck, daß der Sohn nicht eher gezeugt ist, als indem auch das gesetzt ist, worüber er zum Herrn gesetzt, worüber ihm die Herrschaft gegeben wird. Wäre der Sinn: Er ist vor allem erschaffen, so müßte es heißen: *prôtoktistos*. So aber heißt es: er ist vor allem Erschaffenen erzeugt, denn sollte etwas erschaffen werden, so mußte zuerst der sein, *durch* den alles erschaffen wird, er selbst aber konnte nicht geschaffen, nur gezeugt werden. Aber dieser Ausdruck zeigt doch, daß er nur eben *vor* der Kreatur gezeugt ist, als *archê tês ktiseôs tou theou* (Apoc. 3, 14). Denn für eine (absolut-) ewige Zeugung wäre (menschlich zu reden), da in der Ewigkeit noch von gar keiner Kreatur die Rede ist, das *prôtotokos pasês ktiseôs*; zu wenig. Eine ewige Zeugung im strengen Sinn ist überhaupt eine contradictio in adjecto. Denn keine Zeugung, die nicht ein relatives non esse voraussetzt. Ewig aber ist nur ein esse ohne vorangegangenes non esse. Das folgt also nicht, daß er ein Geschöpf, aber das liegt unwidersprechlich in jener Stelle, daß dieses sein abgesondertes Dasein, in welchem er Bild (*eikôn*), Reflex des unsichtbaren Gottes und also von diesem wirklich unterschieden ist, daß *dieses* Dasein sich erst von der Schöpfung herschreibt. Wie entscheidend diese Stelle sei, erhellt am besten daraus, daß es Theologen gegeben hat, welche, um dieser Folgerung zu entgehen, vorgeschlagen haben, statt *prôtotokos*; mit Veränderung des Akzents auszusprechen: *prôtotokos pasês ktiseôs*, wo dann der Sinn wäre: erster *Erzeuger* aller Kreatur. Allein das Wort *prôtotokos*, wie es im Griechischen überhaupt ein abenteuerliches Wort ist, das höchstens etwa bei Orphikern vorkommt, ist vollends ein dem Sprachgebrauch des N. T. völlig fremdes, in welchem dagegen *prôtotokos* ein insbesondere von Paulus öfters angewendetes ist, wie es denn unmittelbar nach der angeführten Stelle wieder vorkommt, wo Christus in bezug auf die Auferstehung *prôtotokos ek tôn nekrôn* heißt. Das Wort an dieser Stelle schützt also dasselbe Wort auch an der ersten, besonders wenn man bemerkt hat, wie der Apostel auch sonst ein ausgezeichnetes Wort, das er soeben gebraucht hat, gern bald nachher wieder anwendet.

Ich bitte *Sie* nun, folgendes als bewiesen festzuhalten: 1. Das Wesen dessen, was das N. T. den Sohn nennt, ist ewig in Gott und als verschlungen in den actus purissimus des göttlichen Lebens selbst mit Gott, *theos*. Seinem *Wesen* nach hat der Sohn nicht angefangen. Daraus folgt aber nicht, daß er nicht einem andern Sein nach (als Potenz) angefangen. 2. Von da an, daß der Vater an den eignen Gestalten seines Seins die Möglichkeit eines anderen Seins erblickt, oder von da an, daß ihm diese Gestalten als Potenzen erscheinen, d.h. also von Ewigkeit, von da an, daß er *Vater* ist, stellt sich ihm auch die zweite Potenz als der künftige Sohn dar, er hat also in ihr schon den künftigen Sohn, den er *in* ihr voraus erkennt, und in dem er eigentlich allein den Vorsatz zur Welt faßt. Deswegen sagt Paulus auch: *In* ihm ist alles erschaffen (Col. 1, 16). Aber hier ist der Sohn nur erst in dem Vater, noch nicht ausgegangen vom Vater; aber 3. auch *außer* (praeter) dem Vater – zunächst als Potenz – ist er erst gesetzt mit dem Anfang der Schöpfung, *wirklicher* Sohn aber ist er erst, nachdem er sich durch Überwindung des Entgegenstehenden verwirklicht hat, also am Ende der Schöpfung; *als* Sohn äußerlich (vor der Welt) *erklärt* sogar erst in einem noch späteren Moment.

Diejenigen, die meine früheren Vorlesungen über Mythologie gehört haben, werden es ganz natürlich finden, daß ich wenigstens denselben Fleiß, den ich in jenen der Dionysologie gewidmet habe, hier in den Vorträgen über Philosophie der Offenbarung auch auf die Christologie wende. Nachdem nun aber dieses alles, wie ich hoffe, ins Klare gesetzt ist, gehe ich zu einer neuen Erläuterung fort, die übrigens nur die notwendige Folge unserer ganzen Erklärung ist.

Keine Zeugung läßt sich denken ohne ein Ausschließen des Gezeugten, es wird ausgeschlossen von einem andern Leben, an dem es bis jetzt teil hatte, in das es verschlungen war, aber eben dadurch wird ihm ein eignes Leben, und eben dadurch wird es in die Notwendigkeit gesetzt, dieses eigne Leben und damit sich selbst zu verwirklichen. Die zweite Gestalt des göttlichen Seins bekommt also damit, daß sie aus diesem Sein gesetzt wird, die *Möglichkeit* in sich eine besondere Persönlichkeit zu sein; die conditio sine qua non ihres eine besondere und zwar göttliche Persönlichkeit Seins ist die Ausschließung vom göttlichen Sein. Deutlicher: sie kann jene besondere Gottheit nur erlangen, indem sie zuerst außer Gott (praeter Deum) oder außer ihrer Gottheit, die für sie früher *keine* besondere war, indem sie *außer* dieser gesetzt, und demnach *soweit* als *nicht Gott* gesetzt wird. Als Potenz gesetzt ist sie nicht schlechthin nicht Gott, nämlich auch der Materie oder Möglichkeit nach.. – Die zweite Potenz, wenn sie als *solche* herausgesetzt wird, ist nun *bloß* diese, sie ist nicht *zugleich* auch die erste, denn diese ist vielmehr, die sie ausschließt, und sie ist nicht zugleich auch die dritte: nun ist aber in keiner Potenz für sich, sondern nur in der Alleinheit ist die Gottheit. Also ist die für sich herausgesetzte zweite Potenz nicht Gott zu nennen; wohl aber stellt sie sich in die Gottheit wieder her, wenn sie die erste und die dritte Potenz wieder zu *sich*, d.h. also, wenn sie die Einheit wiederhergestellt hat – am Ende der Schöpfung, und da sie hier durch Überwindung des entgegenstehenden Seins sich ebenso zum Herrn dieses Seins gemacht hat, wie es ursprünglich nur der Vater war, so ist sie nun ebenso Persönlichkeit wie der Vater zuvor schon Persönlichkeit war, sie ist der Sohn, der von gleicher Herrlichkeit mit dem Vater ist. Aber eben dies gilt notwendig von der dritten Potenz, welche dann, wenn durch die Wirkung der zweiten das außer sich Seiende ganz überwunden und zur Exspiration gebracht ist, auch wieder in das Sein eingesetzt wird. Sie ist nun als die das überwundene schließlich besitzende und beherrschende Macht nicht weniger *Herr* des Seins, also Persönlichkeit, und sie ist Herr eben desselben Seins, dessen Herr auch der Sohn und der Vater ist, also sie ist der des Vaters und der des Sohns ganz gleichherrliche Persönlichkeit.

Es ist nur eine Folge unserer früheren Explikation, daß in der durch den Willen des Vaters gesetzten Spannung auch die dritte Gestalt des göttlichen Seins in potentialisierten Zustand gesetzt ist; doch ist sie nicht unmittelbar wie der Sohn, sondern nur *mittelbar* negiert, auch kann sie sich nicht unmittelbar durch eignes Wirken wie dieser in das Sein wiederherstellen, sondern nur durch den Sohn ist ihr das Sein vermittelt, aber eben darum ist die dritte Potenz der *Trieb*, das Antreibende der ganzen Bewegung (als solcher erscheint sie auch infolge der späteren, noch. höheren Vermittlung. Die Propheten, sagt der Apostel Petrus, werden getrieben von dem heiligen Geist; *er* ist es, der zu der göttlichen Geburt, d.h. zu der Wiederherstellung des göttlichen Seins, auch den einzelnen Menschen antreibt). Der Geist ist nicht das unmittelbar *Wirkende*, sondern er ist nur das Durchwirkende, wie wir ihn denn als dieses auch in der Natur erkennen, und wie in allem, was als Zweckmäßigkeit in der Natur erscheint, was auf ein bestimmtes Ziel, einen bestimmten Zweck in der Natur hindrängt, die Wirkung, gleichsam der Hauch dieser dritten Potenz ersehen wird. Denn auch der Geist ist von zweien Seiten zu betrachten. In der Spannung oder während des Prozesses ist er demiurgische Potenz, wie der Sohn; in der Wiederherstellung aber göttliche Persönlichkeit. Von dem Geist als kosmischer Potenz kommt alles her, was in der Natur selbst, mitten in dem Reich der Notwendigkeit, *Freiheit* oder ein *freies* Wollen, also ein Prinzip ankündigt – das Tier kann, was es will – nicht nur die Freiheit, die in den Bewegungen wie in den Handlungen des Tiers, z.B. dem Gesang der Vögel, der offenbar Variationen zuläßt, gleichsam als spielend erscheint, sondern auch *die* Freiheit, welche in der unergründlichen Mannigfaltigkeit der Farben, Formen und Gestalten der Geschöpfe *spielt*, d.h. nach Lust, Neigung, ja mit Willkür und Laune verfährt; denn noch ist es keinem Naturforscher gelungen, und wird auch keinem je gelingen, jene Kette zwischen den Naturwesen zu entdecken, die keine Lücke, keinen Sprung zuließe. – In der wiederhergestellten Einheit also tritt auch die Potenz des Geistes in die Gottheit zurück, und zwar in einer eignen, infolge der Überwindung des außer sich Seienden, also *durch* den Sohn ihr vermittelten Persönlichkeit. Und so sind wir denn zu dem Punkt unserer Entwicklung gelangt, wo wir sagen können, daß nun wirklich *drei* göttliche Persönlichkeiten und doch nur *Ein Gott* gesetzt ist, oder genauer zu dem Punkt, wo die ganze Gottheit in drei voneinander unterschiedenen Persönlichkeiten verwirklicht ist. Es sind drei Persönlichkeiten, die ebensowenig drei verschiedene Götter als bloß drei verschiedene *Namen* einer und derselben absoluten Persönlichkeit sind. Nicht drei verschiedene Götter; denn das Wesentliche oder Substantielle ist in ihnen allen dasselbe; der Vater z. B., der mit in dem Sohn begriffen ist, ist kein anderer und zweiter, sondern *derselbe* Vater, der auch hinwiederum den Sohn begreift, und umgekehrt. Und doch sind es auch nicht bloß drei verschiedene Namen. Dies ist nämlich dadurch verhindert, daß während des Prozesses jede der drei Potenzen eine für sich seiende war, die drei Potenzen eine wirkliche Mehrheit waren, daher nun auch jedes als ein Besonderes in die Einheit zurücktritt, die erste Potenz als die überwundene, negierte, in ihrer Überwindung Gott setzende, die zweite und die dritte als die durch Überwindung der ersten verwirklichten, zu Persönlichkeiten erhobenen (in der Spannung waren sie nur potentiâ Persönlichkeiten), dem Vater gleichen.

Ich füge noch Eine Bemerkung bei, die sich ebenfalls aus der bisherigen Entwicklung ergibt. Ich habe nämlich schon gesagt, jene potentia existendi, die der Vater in sich, in dem an sich Seienden seines Wesens findet, sei nur die zeugende Kraft des Vaters. Sie ist auch indem Sinn nicht der Vater, sondern nur die *Potenz* des Vaters, daß er ja im Anfang, sowie im Fortgang des Prozesses noch nicht wirklicher Vater ist; *wirklicher* Vater ist er erst in und mit dem verwirklichten Sohn, dieser aber ist als solcher erst verwirklicht in dem völlig überwundenen, in sein An-sich zurückgebrachten außer-sich-Seienden, also am Ende des Prozesses. Der Vater und der Sohn kommen daher miteinander zur Verwirklichung; ehe der Sohn da ist, ist der Vater nur der unsichtbare, d.h. der wirkende zwar, aber nicht verwirklichte, auch er ist erst in dem völlig unterworfenen außer-sich-Seienden verwirklicht. Der Sohn verwirklicht den Vater als *solchen*, wie der Vater *ihm* gegeben, sich selbst zu verwirklichen. Es erklärt sich schon hier, was Christus einmal sagt: Joh. 14, 23. Wer *mich* liebt, den wird mein Vater auch lieben, und *wir* werden zu ihm kommen und Wohnung bei ihm machen, *monên par' autô poiêsomen* – bei ihm *bleiben*, ihm einwohnen, in ihm *ruhen*, so daß er selbst *ruht*, nicht wieder dem Prozeß anheimfällt (*Sie* wissen schon aus früheren Vorträgen, welchem Prozeß der Mensch anheimfällt, wenn er die in ihm gesetzte göttliche Einheit wieder aufhebt). –

Mit den Persönlichkeiten erhebt sich unsere Betrachtung auf eine höhere Stufe, ja, wir können sagen, in eine andere *Welt*. In den Potenzen, solange diese in Spannung sind, sehen wir nur die natürliche Seite des Prozesses (wir sehen ihn nur als Entstehungsprozeß des Konkreten). Mit den Persönlichkeiten eröffnet sich eine andere Welt, die des Göttlichen als solchen, und eben damit erscheint auch erst die höhere, nämlich die göttliche Bedeutung des Prozesses. In Ansehung der Gottheit nämlich hat er *diesen* Sinn, daß das Sein, welches ursprünglich nur bei dem Vater ist, der es als bloße Möglichkeit besitzt, daß dieses Sein dem Sohn *gegeben* und ebenso dem Geist gemein gemacht werde, denn dem Sohn ist das Sein vom Vater, dem Geist aber vom Vater und Sohn gegeben, der Geist besitzt nur das dem Vater und Sohn gemeinschaftliche Sein, d.h. das schon wieder überwundene und durch den Sohn zum Vater zurückgebrachte Sein.

Auf diese Weise wird durch den Prozeß die vollständige Verwirklichung, also Manifestation der Gottheit – der in ihr *ewig* schon gesetzten Verhältnisse – erzielt. Nur so ist das Wort theogonisch in bezug auf Gott selbst zu nehmen.

www.ingramcontent.com/pod-product-compliance
Lightning Source LLC
Chambersburg PA
CBHW050554160726
48003CB00002B/894